屈静 著

父母参与的力量

中学生在线学习启示录

POWER OF PARENTAL INVOLVEMENT: REVELATIONS OF MIDDLE SCHOOL STUDENTS' ONLINE LEARNING

创新教育文库

主编/杨钋

社会科学文献出版社
SOCIAL SCIENCES ACADEMIC PRESS (CHINA)

“创新教育文库”编委会

创新与共享

周虽旧邦，其命维新。

《诗经·大雅·文王》

创新是高质量教育发展的立足点和目标。党的二十大报告提出，必须坚持科技是第一生产力、人才是第一资源、创新是第一动力，深入实施科教兴国战略、人才强国战略、创新驱动发展战略，开辟发展新领域新赛道，不断塑造发展新动能新优势。创新是社会发展的驱动力，教育领域的创新是全社会创新的来源。

近年来，创新理论的发展日益关注共生创新和开放式创新，提出了促进创新产生需要网络化合作。经典的合作者网络共生创新模型包含内部合作、消费者合作、价值网络合作、开放式合作和生态合作五个层次。该理论的新发展方向是通过实践共同体促进创新。实践共同体是联系紧密的群体，是经过长时间的共同实践，成员自发紧密结合的团体，能够给成员提供归属感和承诺。实践共同体是一个环境，在这里知识能够被创造和共享，从而能够提高创新的效率和效益。

近年来，创新理论被广泛应用于指导教育领域的创新，也用来研究教育领域的创新。“创新教育文库”第一辑收录的三本著作，从不同层次的合作者网络视角，分析了国内外的教育创新。《知识共享的原动力：来自企业教育虚拟社区的观察》采用大型跨国企业内部教育虚拟社区的丰富数据，分析了以内部合作为代表的合作者网络共生创新过程。企业内部教育虚拟社区属于控制力量驱动的实践共同体，管理者提供了必要的支持，以使实践共同体得以实现其知识目标。该研究发现组织通过开发方式，利用关键人物力量，开展了持续的渐进式创新活动。这一发现证实了企业作为教育创新主体的可行性和重要性，也验证了利用和探索是组织中知识创造过程的本质，为企业参与教育创新指明了方向和组织条件。

《父母参与的力量：中学生在线学习启示录》关注家庭与教育机构之间构建的消费者合作网络，父母和学生作为在线教育的消费者参与了学习的共同创造过程。在教育实践共同体中，父母致力于解决控制和自主性之间的矛盾，引导子女探索新知识领域。实证分析表明，父母参与促进学业成就的关键是提高学生在线自主学习能力，这验证了实践共同体驱动力理论的结论。

《平等而不同：芬兰应用科学大学的科研发展》在价值网络合作层次，分析了高等教育机构与其主要利益相关者——国际组织、政府、企业之间的价值创造和价值传递过程。该研究关注作为后发高等教育机构的应用科学大学，在发展科研功能的过程中，基于环境条件，构建不同组织模式来支持新功能的发展。在控制性驱动和自主性驱动的双重作用下，高校进行知识重组，向社会提供了全新的知识产品。该研究验证了组织可以围绕新的组织功能建立实践共同体，并通过不同实践共同体之间的链接，促进知识共享，拓展实践共同体的边界。

“创新教育文库”第一辑收录的著作，敏锐地识别出教育领域的创新性组织、创新性学习方式和教育组织的创新性功能，并综合应用组织学、管理学、经济学和教育学等多学科理论进行了分析。这些研究虽然来自教育研究领域，但它们不约而同地与合作者网络共生创新模型进行了对话，凸显了通过实践共同体进行创新的重要性和巨大潜力，打开了教育创新研究的新方向。

我国不同历史时期出版了不少具有创新性的教育文库，如民国时期的“新中学文库”和“国民教育文库”等。这些文库引领了对教育历史和实践中创新的关注。“创新教育文库”旨在继承和发扬文库在知识创新和知识共享方面的优势，以发掘和推荐对教育领域的创新性组织、创新性学习方式和教育组织的创新性功能的研究为己任，以支持教育创新研究和我国教育事业的高质量创新发展。

编委会倾力谋划，经学界通人擘画，终以此文库呈现在读者面前。文库草创，难免有不成熟之处，诚盼专家学者和广大读者共襄助之。

杨　钋

北京大学教育学院教育经济与管理系主任

北京大学教育经济研究所长聘副教授

2022 年 10 月于北京大学燕园

目　录

序一
让在线学习更有效

2020年的新冠肺炎疫情对世界改变了许多，但是客观上也促进了在线教育的蓬勃发展。作为一名教育技术专业的老师，我本人在疫情期间一边进行线上授课，一边开展在线教育研究，并在报刊、杂志、微信公众号“俊杰在线”上发表了一系列有关在线教育思考的文章，后来还在华东师范大学出版社结集出版了《在线教育讲义》一书，其中对在线教育的历史、价值、困难、未来趋势等进行了系统的探讨。

作为一名教育技术研究者，我相信在线教育一定有美好的未来。它可以促进教育创新，推动教学变革，促进优质资源共享，推动教育均衡发展，推动组织管理变革，推升教育治理能力，重塑传统教育流程，打造美好未来教育。但在在线教育发展的过程中，社会各界对其仍有很多质疑，尤其是质疑在线教育的学习成效。在我们的研究中发现，在线学习中，学习者的自由度很高，行为特征各不相同，导致了不同的学习效果。影响学习效果的关键因素之一就是在线自主学习能力。自主学习者会自己确定学习目标、选择学习方法、监控学习过程和评价学习结果，这样通常就会有比较好的学习成效。

那么如何提升学生的在线自主学习能力呢？很多学者从不同的角度开展了许多研究，当然，因为基础教育阶段在疫情之前，主要还是以面授为主，所以以往的在线自主学习能力研究主要是针对大学生的，尤其是围绕 MOOC（大规模在线开放课程）开展的研究，针对基础教育阶段开展的研究相对较少。这本书作者屈静是我们北大教育学院一名非常优秀、勤奋的博士生。她另辟蹊径，将在线学习的研究对象下沉至初中生，以校外培训机构为学习平台，通过质性访谈加上量化研究的混合方法研究，展现了这个群体在线自主学习的主要特点。研究成果对于我国制定基础教育领域相关政策，以及教师提高在线学习的教学质量，有重要的参考价值。

这本书有一个重要的特色，就是选取了父母参与的独特视角，并将在线自主学习作为父母参与和学业成就之间的中介因素，构建了“父母参与影响因素—父母参与—在线自主学习—学业成就”的理论框架，具有理论创新性。父母参与和学业成就之间关系的研究，一直是基础教育研究领域的重要议题。20 世纪 60 年代的科尔曼报告曾指出，家庭是影响孩子学业发展的最重要因素。20 世纪 90 年代，“父母参与”一词正式进入学术领域，并以跨学科的方式被诸多学者关注，但这些研究大都基于面授学习。国内外对在线学习中的父母参与研究普遍缺乏，且已有研究多侧重于父母参与和学业成就的关系。这本书将在线自主学习作为核心，揭开了初中生在线学习中父母参与对学业成就作用的黑匣子。来自校外辅导机构 1271 份问卷调查的分析结果表明：初中生在线学习仍离不开父母参与；父母参与对于初中生的认知发展没有促进作用，但会促进学生的非认知发展，并主要体现在鼓励、示范和指导三种自主性支持上；父母参与若能促进初中生在线自主学习能力，就能全面提高学生的认知和非认知能力。

关于在线学习，不少父母可能都认为这是疫情期间的临时安排，只在特殊时期才会启动。事实上，在线学习或混合式学习已经成为教育的常态，未来将会应用的越来越广。如果一个人不希望被未来世界淘汰，就必须掌握数字化学习、生活和生存技巧。因此，父母要通过参与在线学习让学生学会“数字化学习与生存”。麻省理工学院的尼葛洛庞帝在其 1996 年出版的《数字化生存》一书中提出“人类生存于一个虚拟的、数字化的生存活动空间，在这个空间里人们应用信息技术从事信息传播、交流、学习、工作等活动，这便是数字化生存”。20 多年后的今天，这些设想随着技术的发展已经逐一实现。元宇宙作为下一代互联网的发展形态，用其虚实相生的技术，一定会同教育结合，进一步推动教育的数字化转型。如果学习空间的数字化是大势所趋，父母便需要充分认识到疫情期间的演练是多么关键。而了解并掌握在线学习中的有效参与方式，将有助于降低当下父母的教育焦虑、缓和家庭矛盾，还给孩子一个“自主的青春期”。

对于教育政策制定者和研究者而言，这本书用系统化的实证分析，展现了父母对于学业成就和在线自主学习的价值，有助于促使学校将父母正式纳入基础教育的在线学习生态中，引导父母发挥更大的价值。

这些年来，在教学和写作过程中，我一直争取做到“有理有据有观点，有趣有用有意义”，期望让大家看得开心还能有收获，仔细想想还有意义。这本书作为由博士论文修改后形成的作品，难能可贵的是在保留学术完整性的基础上，兼顾了可读性，确实值得一读。

尚俊杰

北京大学教育学院长聘副教授

北京大学教育学院学习科学实验室执行主任

2022 年 10 月于北京大学燕园

序二
家庭教育塑造美好未来

屈静同学这本《父母参与的力量：中学生在线学习启示录》是近年来比较少见的一篇在优秀博士论文基础上完成的专著。我十分荣幸有机会作为该书最早的读者之一，我一口气将书稿读完，仍有不解渴的感觉。我深深地为作者大胆探究的勇气所折服，为她锐意创新的精神所感动。她勇敢地挑战了现实，围绕着一系列“真问题”，为我们在家庭教育研究领域打开了一面新的天窗，让我们感受到了美好的阳光，进一步增进了对家庭教育研究的信心，看到了家庭教育研究新的希望。这是一份综合研究，其研究主题聚焦，观点鲜明，逻辑严密，论证有力，方法适切，其研究结论为我们提供了诸多有益的启示。

一直以来，家庭教育研究者们在不停地追问家庭教育研究的位置何在，这本书很好地回答了这个问题——在活生生的家庭教育实践之中。火热的家庭生活是家庭教育研究的源头活水，家庭生活无时无刻不在发生深刻的变化，家庭教育实践也在不断走向新的境地。

当前的家庭教育中，父母普遍存在焦虑，很多父母的焦虑指向了孩子的学业成就。针对当下众多父母对子女学业普遍存在的焦虑现状，这本书有力地告诉了我们，父母焦虑的症结是什么，焦虑的成因何在，焦虑是怎么发生的，父母该怎么办。毋庸讳言，子女学习的父母参与焦虑是众多焦虑当中较为强烈的一种，父母对于孩子在线学习的参与不足、参与不到位也是不争的事实。其中，父母不知道如何把握，没有能力参与，参与的学校支持、社会支持、自身支持不足，也是一个无法回避的重要现实。

走进家庭生活，直面家庭教育的问题，开展对家庭教育的思考与追问，是家庭教育研究较为适切的一种取向。百年前，我国著名教育先驱陈鹤琴先生，以自己的育儿观察为线索，认认真真地帮助我们认识了家庭教育的奥秘，认识了儿童、家庭与父母的角色地位。其于1925年出版了科学意义上的家庭教育研究著作《家庭教育》，其观察研究的方法被有效运用到家庭教育研究当中，这本著作开创了家庭教育实证研究之风，告诉了人们家庭教育还可以这样去做研究。屈静同学的这本书，很好地继承了这种家庭教育实证研究的风气，并拓展了家庭教育的研究方法，她找到了适合她自己的研究方式。关注现实中的“真问题”，在家庭生活中捕捉研究的要素，走进复杂、多变、多样的生活世界，发现家庭教育真实的样态，揭示家庭教育现象背后的种种规律性联系，建构家庭教育的美好模型，是屈静同学基本的研究取向。

此外，站在学术前沿，充分运用已有的研究成果、研究信息，丰富自己的研究视野，是该研究的又一个亮点所在。这本书注重父母参与的相关理论在本土研究中的应用，作者在前人研究的基础上，发展了测量工具，编制了适合本土研究的量表，开展了大量卓有成效的调查研究工作，收集了大量的第一手资料。这本书深化了在线学习中的父母参与对学业成就影响机制的研究，构建了新的分析框架和中介效应模型。能在父母参与这个复杂的领域，收集到那么多真实的数据十分难得，做出令人信服的理论分析就更为可贵。初中生在线学习的父母参与，是一个十分敏感的问题，很难准确揭示其背后完整的真相，这本书做了较好的尝试，作者力图帮助我们拨开迷雾，看清父母参与的真容，理清父母参与的逻辑，找到父母参与的重心和方向。

作者不仅探讨了初中生父母参与的影响因素，更有价值的是她建构起了初中生父母参与的理想模型，探讨了鼓励、示范、强化、指导这四种要素对学生学业的影响，提出了家庭特征的亲子关系、学校特征的学校管理方式、学生特征的学习能力、感受到的亲子关系、感受到的育儿参与度，均对学生的学习动机具有显著的正向预测作用。

这本书的另一个重要贡献是发现了父母参与的差异性，发现了不同家庭、学校特征和学生特征的父母参与，存在显著差异，并主要受家庭收入、教师行为方式和亲子关系的影响，该研究强调的一个重要方面是在线学习环境中，父母培养学生在线自主学习的重要性，即“父母参与通过促进初中生在线自主学习，给予学生空间去安排构建自己的学习生活，有助于提高学生的学习动机和学业自我效能感”。

受疫情影响，中学生在线学习已经成为基础教育领域的新常态。父母参与正在发生深刻而全面的转型，其重心逐渐从线下转移到了线上。严峻的事实是更多的父母不得不面对孩子的在线学习，在线学习中父母如何扮演好自己的角色，学校该如何认识到父母参与的价值，在线学习过程中，孩子的核心素养是什么，值得所有人期待。此外，“双减”政策的持续推进，也迫切要求我们进一步回答，孩子成长路上，父母到底该如何作为，父母该如何认识今天的孩子、孩子的学习、孩子的学习环境的变化，父母该如何去建构良好的亲子关系、亲师关系、家校关系。再则，教育的高质量发展，也强烈要求推进教育数字化，健全学校家庭社会育人机制。父母在孩子在线学习中的参与能力建设已经成为当下社会不得不面对的问题。屈静同学的论文对以上问题做了实实在在的研究，得出了令人信服的结论。愿这本著作能给当下的父母在科学育儿的道路上更多智慧的启迪与帮助。

家庭教育终将会塑造美好未来！

缪建东

原南京师范大学副校长、教授、博士生导师

现任中国教育学会家庭教育专业委员会副理事长

2022 年 10 月 26 日

前 言

2020年初新冠肺炎疫情暴发之际，正值女儿朵朵小学二年级。处于博士论文选题焦虑中的我，只得将学业搁置一边，开启全程陪娃在线学习的模式。从最初和孩子一起完成“花式”作业，到逐步开始规范学习。其间不乏各种母女间的“相爱相杀”。坊间“希望疫情早日结束，神兽尽快回笼”的呼声也不绝于耳。

北京大学教育财政所同年发起的“100位妈妈谈在线教育”的征文活动，让妈妈们有了抒发心声的渠道。我也加入其中，并开始认真思考：什么是有效的在线学习？父母到底应该扮演什么样的角色？小作文提交后，我出乎意外地收到了导师杨钋老师的表扬。她鼓励我将这个话题进行深入研究，甚至可以考虑作为博士论文的方向。坦白来讲，当时执拗于研究人工智能教学系统的我，从未想过做一个和自身角色紧密相关的题目。但回望初心，正是由于成为母亲，才对教育拥有更多反思，也对学科本身产生了浓厚的兴趣，进而考入北京大学教育学院成为一名博士生。从学术视角破解现实问题，自然是义不容辞的责任。因此，便有了这本“无心插柳柳成荫”的书。

在线学习并非新生事物。早在20世纪90年代互联网发展之初，它就应运而生，但被基础教育在全球范围内大规模使用，实属首次。对中国教育系统来讲，亦是史无前例的大考。在线学习中，师生物理空间的分离，影响着师生的心理距离，从而带来学习损失。因此，学者们大多从在线教学改进的层面探讨学习效果的提升路径。并且，在线学习在疫情之前广泛发生在高等教育领域。这导致无论是国内还是国外研究，都较少涉猎基础教育阶段的在线学习。关于在线学习中父母参与的讨论更是凤毛麟角。

于是，以研究者和具有战斗经验母亲的双重视角，满怀对这一领域的好奇，在杨钋老师的悉心指导下，我于 2020 年下半年展开了质性和量化数据收集和研究工作。其间，接受访谈的十几位在线学习的初中生和父母成为我突破个体狭隘认知，深入了解不同家庭背景、不同教养方式的宝贵资源。他们当中，有极具自律性的“别人家的孩子”；也有沉迷游戏的“网瘾少年”；还有挑灯夜读，但学习效果仍然不佳的“追梦少年”。父母面对正处青春期孩子的在线学习，其参与方式也呈现多元化的特点。一些父母极为佛系，认为需要“静待花开”；一些父母则能坚持每周写家书，与住校的孩子进行思想沟通；也有父母不惜更换工作，只为一心陪娃。无论是哪种参与方式，总体来讲，在线学习中，父母都保持了较高的参与度。这与国内外现有研究也一致。究其原因，除父母对子女教育的重视外，还源于线上学习中学生自律性的不足。“青少年蓝皮书”《中国未成年人互联网运用报告（2021）》发现，在线学习是未成年人最具特色的网络活动之一。可是，仅有 25% 的中学生能在父母不在时控制住不上网。到底是上网冲浪，还是在线学习？为了确保学习效果，被访父母大都认为，进行监督式参与是不可少的。但父母参与和初中生自主性发展之间所带来的矛盾让父母进退两难。过度的控制和说教势必影响亲子关系，并促进学生的逆反心理。访谈中，来自被访父母和学生对我这个陌生人的信任令我有种特别的责任感，这让我努力将这些倾诉进行整理，从学术的视角寻找其背后的规律。一方面，在一定程度上希望缓解那些为人父母的压力，令其做到“有所为，有所不为”。让大家用淡定的心态，辅以适当的工具，引导子女走入“不需扬鞭自奋蹄”的理想境界；另一方面，也希望更多教育管理者能了解父母参与所带来的价值，进而对父母进行积极引导，让父母成为学校管理线上学习的左膀右臂。

疫情极大地推动了各个行业的数字化进程，教育领域亦是如此。在线学习已经被教育部认定为未来的新常态。无论父母是否情愿，我们都已经被深度卷入这场数字化学习的革命之中。OECD 认为，学生的自主学习能力决定了未来的竞争力。因此，围绕在线学习成败的关键——在线自主学习，本书探讨了不同的父母参与方式对学习效果的影响，以及这些参与如何通过在线自主学习发生作用。沿着父母参与、在线自主学习和学业成就的主线，本书以初中生为对象，用质性和量化结合的混合方法研究，为读者揭秘父母参与对学业成就形成差异性效果的原因和作用机制。

本书的第一章，从国外基础教育的在线学习发展现状开始，试图从全球范围勾勒这一学习方式迅速蔓延的趋势。疫情期间，父母盼望孩子早日归校的心情可以理解，但绝对不能当这只是临时的、不得不进行的替代性学习方式。美国作为最早开始基础教育在线学习的国家，已经在公立教育内设立了全日制或补充性的在线学习。我国在疫情之后开展了大规模的线上学习。在线学习作为新常态已是大势所趋。无论父母是否接受，在线学习的未来已来。父母如何为此做好准备？本研究在第一章介绍了整个研究的框架设计、研究问题和研究方法。

本书的第二章，详细介绍了父母参与的定义、相关理论，以及我国教育场域下的初中生在线学习中父母参与的特征和影响因素。作为本书的核心概念之一，很多时候，我们对于父母参与的理解难免偏颇。国内外学者们的研究，则为我们构建父母参与提供了更为全面立体的视角。现有文献发现，在线学习有别于面授学习，父母在其中的参与具有一定的特殊性，即父母需要作为“学习教练”，弥补教师在线上物理空间的缺失，为子女提供个性化的学习支持。父母也因此遇到了技能不足和时间匮乏的巨大挑战。本书希望父母能认识到这一客观问题，正视自己在陪子女线上学习中的焦虑，从而找到合适的处理方式。当然，父母参与受到诸多因素的影响。汇总以往教育经济领域对父母参与的讨论，本书将这些因素总结为学校、家庭和学生，并将其进一步细化。同时，导入样本数据，用量化研究方法，找到了影响初中生在线学习父母参与的关键因素。

本书的第三章，对在线自主学习的理论和我国初中生在线自主学习进行了质性和量化的全面分析。同时，也讨论了父母参与对于在线自主学习的作用。其中，被访几位学生对于其在线直播学习下自主学习的描述让我发现，以往用于大学生的评价维度并不完全适用于初中生。其中，时间管理维度和学习策略维度的作用并不显著。这反映了在线自主学习中的时间自由优势未在我国初中生学习中得到发挥。学生在线上学习中为确保学习效果而需要采用的学习策略，也没有体现充分。虽然，本研究的数据来自校外辅导机构，并不包含“停课不停学”期间校内课程中的在线学习。但大部分学校，也是选择了这种同步的在线直播的教学方式，这与高等教育领域线上学习的异步教学方式有所不同。因此，我们在关注基础教育阶段在线学习的同时，需要注意其学习方式对于学生的影响。在线学习中，具有良好自主学习能力的学生通常被认为是线上学习的受益者。父母参与是否能对其发挥影响力？本书将父母参与总体及其划分后的四个维度与在线自主学习的关系进行了分析。结果发现，父母不同的参与方式对其有不同的作用。

当然，父母参与最终目的是促进学生发展。本书的第四章，从学生发展的认知和非认知维度讨论了父母参与所带来的效果，以及在线自主学习在其中发挥的作用。考虑纳入非认知，是由于它隶属于 21 世纪人才核心素养的范畴。家庭作为学生学习的场域，不仅仅提供经济上的支持，更会潜移默化地影响学生的学习习惯、思维方式和社会网络。因此，本书全面讨论了父母参与对于认知和非认知的全面影响。此外，本书也探讨了在线自主学习所发挥的中介作用。

第五章是本书的结语。此部分总结了父母参与的影响因素和父母参与的价值。其中父母参与的价值体现在对学业成就、在线自主学习的作用，以及通过在线自主学习为中介对学业成就的作用。同时，本书也给父母、学校和政府提供了建议，具有一定的理论和实践价值。当然，由于资源时间有限，还有诸多问题需要解决。本书在结尾处对未来的研究进行了展望，期待能给大家带来启发。

最后一想到这些文字很快就会与读者见面，内心就不免混合着自豪和忐忑的复杂情绪。阅读本书的读者若能有所收获，便是对我最大的鼓励。

2022 年 9 月 23 日　秋分　北京

第一章　在线学习的未来已来

一　席卷全球的在线学习

在线学习[①]（Online Learning）指师生在物理空间分离的情况下，通过互联网进行的学习活动（Watson et al.，2009）。自美国 1991 年启动首个基础教育在线学习项目，并开始建立全日制网络特许学校[②]（Full-time Cyber Charter School）和州立虚拟学校[③]（State Virtual School）以来，基础教育阶段的在线学习就在全球范围内蓬勃发展。2001~2011 年，美国注册在线课程的学生数从 4000 人增至 400 万人，其比例从不足 0.001%提升为 6%。2017 年美国的在线学生数更是攀升至 800 万（Barbour，2019），覆盖区域也从最初的佛罗里达州、新墨西哥州和犹他州，延伸至美国各州。作为最早一批将互联网引入基础教育的国家之一，加拿大的在线学习也经历了类似的高速发展过程。2000 年仅有 0.005%的学生参与了在线课程，2017 年在线学习的学生比例就升至 5.4%（Barbour，2019），并保持了

---

① 英文文献中，在线学习多被表述为 Online Learning，但也常以 Virtual Learning、Cyber Learning 和 E-learning 为替代。

② 特许学校是美国公立基础教育的重要组成部分。一般由各州立法通过，受法律保护，并由政府拨款运营。

③ 虚拟学校是通过网络进行所有教学及评估活动的学校，主要提供基于课程的服务。

每年 5%的稳步增长势头（梁林梅，2019）。同样，我国基础教育阶段的在线教育渗透率，也将在 2022 年有望突破 55%（中科院，2020）。

在线学习的扩张引起了各国教育相关部门的重视。为确保其高质量普及，不少国家出台了政策和标准。美国在线学习国际联盟（International Association for K-12 Online Learning）于 2001 年制定了在线教育质量全国标准，并被美国多个州采纳。2019 年，此标准经 QM（Quality Matters）和美国虚拟学习领导联盟（Virtual Learning Leadership Alliance，VLLA）修订后被重新发布（周蕾和赵中建，2020），成为推动在线学习和混合学习的课程授权、教学评估和项目改进的有力支撑。我国虽然尚未推出标准体系，但在 2019 年教育部等十一部门颁布的《关于促进在线教育健康发展的指导意见》中指出，在线教育是教育的重要组成部分。

有了政策及标准的保驾护航，全球范围内的在线教育得以良性发展，而 2020 年的新冠肺炎疫情则为其进一步发展按下了加速键。联合国教科文组织（United Nations Educational，Scientific，and Cultural Organization，UNESCO）2020 年 4 月 4 日的数据显示，全球有 194 个国家在全国范围内停课，近 16 亿注册学生的正常学习受到了影响，占比高达 91.3%（联合国教科文组织，2020）。面临如此大规模的教育中断，启动包括在线学习在内的远程学习成为各国教育系统采取的首要举措。据统计，我国疫情以来，有 1.8 亿中小学生通过网络等不同途径进行了线上学习（吕玉刚，2020）。十年前就有研究者预测：在线学习将成为未来的教育新常态（Anders et al.，2011）。历史告诉我们，重大事件往往是创新的转折点（OECD，2020）。2021 年 1 月 28 日，我国在总结疫情以来大规模在线学习经验基础上，教育部等五部门出台了《关于大力加强中小学线上教育教学资源建设与应用的意见》。这是自 2000 年基础教育信息化启动以来，首个由教育部牵头五部委制定出台的专门针对中小学线上教育的文件。文件明确提出，2025年要让线上教学成为中小学教学新常态。

二　在线学习“大跃进”下的反思

在基础教育阶段的在线学习受到关注并快速普及的同时，其带来的学习效果却担人堪忧。一项针对芝加哥1400名高中生的研究发现，在线学习效果远不如面授学习（Escueta et al.，2017）。按照课程交付方式，一般将在线学习分为同步和异步学习模式（Watson et al.，2009）。相比于面授学习（Face-to-Face Learning），在线学习能够给学生更大的学习灵活度。尤其在异步学习模式下，学习者可以自行选择时间、地点、内容和进度等，实现以学习者为中心的个性化学习（黄荣怀等，2020）。正是在线学习提供的自由度，使得学生需要具备更高的自主学习能力（Lehmann et al.，2014）。

然而，基础教育阶段的学生在元认知方面与成年人有较大差异。这些差异会影响学生的记忆力和解决问题的能力，限制学生在线的自主学习水平。同时，基础教育阶段的学生在自控力方面也有不足，从而导致其学习的效果受到折损。以我国此次疫情下的在线学习为例，不少学生缺乏自控能力，作息安排混乱，无法按时完成网课和课程作业（黄荣怀等，2020）。因此，基础教育阶段学生的在线学习离不开成年人的监督和鼓励。面授学习中，这些职责主要由学校教师和管理者来承担。在线学习中，师生物理空间上的分离，令父母参与变得必不可少（Borup et al.，2019a）。

我国“停课不停学”期间，面向中小学父母的大规模问卷调查就反映了父母较高的参与度。该调查结果表明，91%的父母会陪伴子女学习，如调试电子设备，登录学习平台，上传和下载作业以及帮记笔记；74.81%的父母会对子女的学习进行指导和监督（付卫东和谭杰文，2020）。国外研究也发现，在线学习中的父母参与时长普遍较长，与学生的交互更频繁。柯蒂斯（Curtis）的研究结果表明，若一个学生每周花 30 小时参与在线课程，父母一般需要花 2～29 小时进行陪伴，平均时长为 13.8 小时（Curtis，2013）。从交互的角度，博勒普（Borup）等认为，中学生在线学习时，与父母的互动比与同学的互动高 40%，比与老师的互动高 300%（Borup et al.，2013）。可见，基础教育阶段的在线学习中，父母不可缺席，且参与强度较高。

三　透镜下的初中生在线学习中的父母参与

（一）聚焦：父母参与、在线自主学习和学业成就

从全球范围来看，基础教育的在线学习是大势所趋。而在线学习的成功离不开父母作为外在因素的高度配合以及学生时间管理、目标制定等作为内在因素的共同作用（Lee & Figueroa，2012）。在基础教育阶段的在线学习中，初中生面临的问题最多。一方面，初中生处于儿童期向成年期过渡的青春期①，开始强调自我感受，希望摆脱和父母之间的依赖关系而追求自主，容易同父母在学习中产生亲子冲突。另一方面，相比于小学生，初中生具有一定的自主学习能力，却又容易沉溺于网络，将网络作为社交工具和游戏工具。尚未发育完善的大脑，也令其在专注度、持久力和情绪控制等方面的机能不够成熟，需要父母时常的监督和指导（弗朗西斯·詹森和艾米·艾丽丝·纳特，2017），以弥补其学习动机和独立性方面的不足（Litke，1998）。此外，我国初中生人数超过 5000 万，约为中学生总数的 78%（教育部，2022）。如此庞大的学生群体的学习质量决定了未来高等教育的

① 青春期一般指 13～19 岁。

人力资本水平。因此，随着在线学习在中学阶段应用范围的不断扩大，有必要在我国教育场域中，全面探讨如何让父母有效参与并提升初中生在线学习的学习质量。

鉴于此，本书关注的核心问题是初中生在线学习中父母参与及其对学业成就的影响。根据青少年社区参与模型、父母参与过程模型和齐莫曼自主学习理论，本书建立在线学习中的父母参与对学业成就影响的分析框架，如图 1-1 所示。

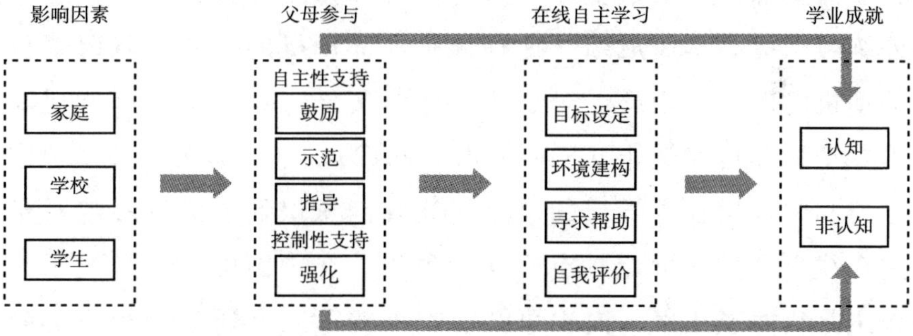

图 1-1　在线学习中的父母参与对学业成就影响的分析框架

据此分析框架，本书的后续章节主要涵盖以下问题。

1. 初中生在线学习中的父母参与的影响因素是什么？

针对面授学习的大量研究发现：家庭的社会经济地位（Social Economic Status，SES）和文化资本是影响父母参与的重要因素（Gubbins & Otero，2016）；学校也对父母参与存在一定的影响力（李东林和项梦婕，2020）；同时，学生特征对父母参与行为也具有影响，如学生的年龄和学业能力（Academic Competence）（李波，2018；Phillipson & Phillipson，2012）。因此，制约父母参与的因素可归纳为家庭、学校和学生这三个方面（吴重涵等，2017）。那么，初中生在线学习中，父母参与是否依然主要受这三方面的影响？本书的第二章对此问题进行了详细的剖析和论证。

2. 初中生在线学习中的父母参与对学生的在线自主学习有什么影响？

学生以父母提供的他人调节（Other-Regulated）为基础。随着其年龄的增长，父母将采取不同的“脚手架”策略，帮助学生逐步转为自我调节。这意味着，并非初高中阶段的学生自主性发展就需要与父母脱钩，而是会与父母继续保持耦合关系。但不同种族，父母参与具有差异性的作用效果。研究发现，参与家校沟通更多的亚裔父母会给学生英语和数学学习动机方面带来负作用。原因是在沟通后，亚裔父母一般采取更加严苛的监督和强化方式，要求孩子完成额外练习以提高学业成绩。这种催生外部动机的方式，阻碍了孩子内部动机的形成。相反，对于西班牙裔父母，家校沟通则能提高学生内在动机和自我效能（Fan et al.，2012）。这些有关面授学习中父母参与和中学生自主学习的研究，让我们意识到了父母参与对于初中生在线自主学习可能具有不同的效果。在中国的教育情境下，这种作用是负面或正面，尚未可知。本书的第三章通过介绍齐莫曼的自主学习理论，将会逐步解析和论证父母参与对中国初中生在线自主学习的作用效果。

3. 初中生在线学习中的父母参与对学生的学业成就有什么影响？

作为目前唯一针对基础教育阶段学生在线学习（或混合式学习）的青少年社区参与模型（Borup et al.，2014b），其提出者博勒普等指出，基础教育阶段学生的在线学习需要来自教师、同伴或家庭的外部支持，而父母参与往往最容易被忽略，却又是学生个人社区中提升学业成就必不可少的部分（Borup et al.，2020b）。同时，面授学习中，父母参与、自主学习和学业成就之间存在相关关系，且自主学习在父母参与和学业成就之间具有中介效应（Martinez-Pons，1996；Thomas et al.，2019；Farooq & Asim，2020）。线上学习是否成功的重要保障是学生的在线自主学习能力（陈丽，2021）。因此，本书在第四章分别探讨了父母参与的效果和在线自主学习的中介效应。

（二）方法：从质性到量化

为回答上述问题，本书采用了混合方法研究。混合方法研究是实用主义导向的研究方法（约翰·W. 克雷斯威尔和薇姬·L. 查克，2017），它重视研究问题胜过研究方法，强调使用多种数据来回答研究问题。因此，实用主义世界观指导下的混合方法研究，允许研究者根据研究问题，同时收集质性和量化的数据。其中，质性和量化各部分间的交互程度，相对的优先次序，各部分的时序和各部分进行混合的程序上有所不同，由此组合成了六种常用的混合方法设计：一致性并行设计、解释性时序设计、探索性时序设计、嵌入式设计、变革性设计和多阶段设计。

考虑到相关的国内外已有研究严重不足，且核心的父母参与量表尚未被本土化，在线自主学习的量表也多应用于大学生及以上的成年人。因此，本书采用混合方法研究中先质性后量化的探索性时序设计①（约翰·W. 克雷斯威尔和薇姬·L. 查克，2017），流程见图 1-2。

第一阶段是质性研究。本书以 6 对在线学习初中生及其父母的访谈为数据来源，进行案例微分析和跨案例分析，归纳识别我国初中生在线学习中的父母参与及在线自主学习的维度框架和子维度。从而，为修编父母参与量表和在线自主学习调查量表提供维度和题项参考。

第二阶段是量化预研究。本书根据质性研究所提供的维度和题项，参考已有量表和专家意见，修编并形成了初版父母参与量表和在线自主学习调查量表。在回收的 385 份配对样本中②，对两个量表进行信度

---

① 作为混合方法研究的三大基础设计之一，探索性时序设计适合探索大众知之甚少的主题，且便于研究者对初步探索的成果进行推广，遂被不少研究者应用，并常呈现为三个阶段：探索阶段、工具设计阶段、检验和实施测量工具阶段。

② 385 份样本的预研究结果，在本书中略去。

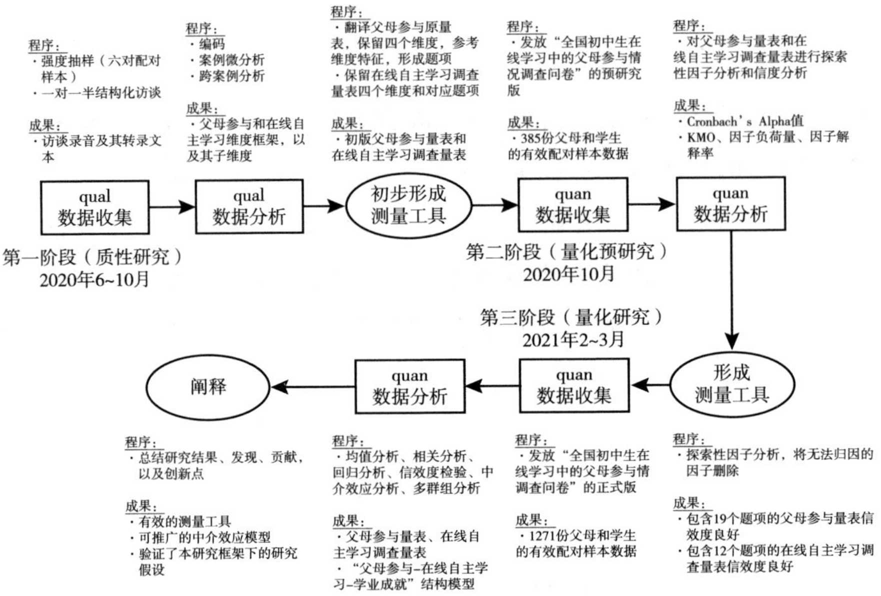

图 1-2　探索性时序设计流程

和效度检验以进行修订，并形成可用于正式研究的本土化测量工具。

第三阶段是量化研究。本书根据第二阶段修订后的测量工具设计并发放问卷，回收了 1271 份有效配对样本。与迈尔斯（Myers）和奥策尔（Oetzel）采用的方式类似，本书也将探索性时序设计的研究重心放在量化研究部分（Myers & Oetzel，2003）。通过信效度分析，检验了父母参与量表和在线自主学习调查量表的信度和效度；通过中介效应分析和多群组分析，构建了初中生在线学习中的“父母参与-在线自主学习-学业成就”结构模型；通过均值分析和回归分析回答了研究问题。

三阶段按顺序执行，后一个阶段以前一个阶段的结果为基础。抽样方面，克雷斯威尔（Creswell）认为，探索性时序设计中的量化研究的目的是归纳总体特征，因此质性阶段的样本不应包含在量化阶段（约翰·W. 克雷斯威尔和薇姬·L. 查克，2017）。本书则严格遵循此要求，且保持了量化预研究和正式研究样本之间的独立性。

（三）对象

1. 质性研究的样本来源

质性资料包括6对在线学习初中生及其父母的访谈资料①（见表1-1）。访谈提纲参见附录二和附录三。

表1-1 质性访谈样本描述

序号	父母	身份	职业	城市	学生	年级	性别	备注
1	M01	母亲	个体户	合肥	S01	初一	女	视频访谈
2	M02	母亲	学校管理者	洛阳	S02	初三	男	语音访谈
3	M03	母亲	公务员	合肥	S03	初二	男	视频访谈
4	M04	母亲	设计师	北京	S04	初二	女	面访
5	M05	母亲	公务员	大同	S05	初二	男	语音访谈
6	F06	父亲	IT行业技术管理人员	北京	S06	初一	男	视频访谈

在被访谈的6位父母中，5位父母都高度参与了学生的在线学习过程，1位父母参与程度较低作为反例，具体情况如下。

（1）M01和S01是高父母参与-高在线自主学习-高学业成就的案例，也是本书研究中的微分析对象。

M01为让女儿有机会进入当地的重点中学，特意购置了学区房，辞去了原有工作，并在女儿学校附近开了一家米粉店，以便在

① 被访谈对象均为目的抽样。在访谈中，等者得到受访者的许可，除访谈记录外，还用腾讯会议和讯飞语记全程记录了访谈过程，形成了674分钟的音（视）频文件，并转为20万字的文本。访谈结束后，部分父母还提供了与子女沟通的信件和微信截图，以进一步帮助研究者对访谈内容进行补充。笔者先对M01和S01进行微分析。微分析是一种项目初始使用的详细开放编码方式。目的是深入资料内部，将注意力集中到那些相关且意义仍不明晰的部分，以思考各种可能性（林小英，2015）。根据三级编码方式，笔者找到了父母参与和在线自主学习的维度框架。为修正理论模型，本书继续对其他5对样本进行跨案例分析，维度框架被不断修正，并识别出维度之下对应的子维度。

照顾女儿时能兼顾工作。M01 对女儿怀有极高的期望，也同时给予了更严格的要求。“自律者出众，放纵者出局”是她教育女儿的座右铭。M01 非常关心女儿上课的表现和学习的状态，尤其是看到升入初一的女儿成绩下滑，她就想尽各种办法来帮女儿克服困难、跨越障碍。

S01 成绩优异，性格沉稳，是一位深受师生喜爱的全面发展的学生。学习方面，S01 非常有方法，并善于反思，具有良好的在线自主学习能力。

（2）M02 和 S02 是高父母参与-高在线自主学习-高学业成就的案例。

M02 由于一直在学校工作，从小学开始，她就有比较多的机会陪伴儿子。她认为学习是儿子自己的事情，并让儿子从小就认为自己是一个具有自主学习能力的学生。虽然不会每天为儿子检查作业、辅导功课，但她在儿子上初一住校以后，每周坚持给儿子写一封家书，与其沟通思想表现和学习情况。

S02 成绩在全年级排名在前 5%。S02 是一位热爱阅读、善于思考的学生。在线学习中，S02 报了数学、物理、化学和英语四门课。他对每门网课都有清晰的学习目标。通过良好的自我调节能力，他保持了高效的在线学习质量。

（3）M03 和 S03 是高父母参与-高在线自主学习-中上学业成就的案例。

M03 在五年前就辞职在家，负责儿子的起居和学习。对于在线学习机构的选择、试课、选班等环节，M03 都参与其中。儿子虽然考入重点中学，成绩总体处于中上，但数学成绩欠佳，所以 M03 为儿子选择了在线学习，来提高其数学成绩。

S03 在重点中学就读，年级排名前 100，班级排名前 10。S03 具有良好的学习自控力，对线上学习有明晰的目标。

（4）M04 和 S04 是高父母参与-高在线自主学习-中上学业成就案例。

M04 自身具有良好的自律性和学习习惯。在女儿的学习上，她会有选择地介入并提供支持。坚持原则并给予女儿自由，是她的教育理念。M04 很尊重女儿的选择，但要求女儿要对自己的选择坚持到底。

S04 对于在线学习有自己独到的看法。喜欢自己做主、渴望自由的特质在 S04 身上表现得尤为明显。曾经因为摔断了腿而不得不居家学习的经历，让她的在线自主学习能力得到了充分的锻炼。

（5）M05 和 S05 是高父母参与-高在线自主学习-高学业成就案例。

M05 是一位非常爱阅读的母亲。在政府工作虽然忙碌，M05 还是会每天抽时间出来陪伴儿子。发现儿子“软硬不吃”的时候，也会用书信代替言语沟通，是一位在教育上非常用心的妈妈。在线学习是 M05 和儿子共同的选择，她在意儿子的在线学习表现，并希望能通过在线学习提高儿子的学习成绩。

S05 是一位兴趣爱好广泛，成绩优秀的学生。他偏科严重，特别不喜欢背诵记忆类的学科，如历史、政治等。对于在线的数学学习，他设定了合理的目标、明确的定位，让自己的学习更有效率和效果。

（6）M06 和 S06 是低父母参与-中在线自主学习-中学业成就案例。

M06 作为访谈中的唯一一个反例，表现出了较低的父母参与度。一个原因是，对于儿子在线学习的科目英语本身，他并未抱有太高教育期望，只是让儿子跟上就好，保持一个学习的状态。另一个原因是，他认为儿子非常有主见，干涉过多会影响亲子关系。

S06 是一位非常有个性和想法的学生。性格外向的他是个军事迷。S06 对在线学习的态度，正如父亲所期望的，保证跟上就好。从成绩上看，S06 的英语处于中等水平。

2. 量化研究的样本来源

本书采用网络调查法（Web Survey）进行量化研究的数据收集。相比于纸质问卷，网络调查法具有良好的互动性，令笔者能够随时回复受访者关于问卷的疑问，以提升内容效度。网络调查法也具有更低的调查成本。另外，问卷所提供的去个人化和匿名性，可以在保护个人隐私的基础上，降低社会期待导致的偏差（赵国栋，2013）。因此，针对初中生及其父母，本书运用网络调查法的便利抽样，在问卷星平台进行了问卷的发放和数据的回收。

为尽量避免网络调查法的便利抽样中存在的覆盖误差、抽样误差和无应答误差，本书在实施中遵循库珀（Couper）提出的网络调查法基本原则，用来提高效度（Couper，2000）。

首先，确保调查内容和目标母体的一致性，以降低覆盖误差。本书的研究对象是在线学习的初中生及其父母。考虑到我国中学生常态化的在线学习出现于校外辅导机构，因而选择国内某知名在线教育平台进行问卷发放。该教育机构于 2005 年成立，并于 2010 年在纽交所上市。2021 年“双减政策”[①] 出台之前，该机构以基础教育阶段的素质教育和学科教育为主，服务遍及全国。网校是该机构建立之初就有的教学形态。随后发展壮大的培优业务兼顾标准化教学和本地化教研，所提供的线上学习覆盖了国内 100 多个城市和基础教育阶段的各个年级，是国内规模最大、最具影响力的在线教育平台之一。为精准定位于初中生及其父母，该机构将问卷链接公布至面向父母的 App 中，并在后台设置推送年级为初一至初三。

① 2021 年 7 月 24 日，中共中央办公厅、国务院办公厅印发《关于进一步减轻义务教育阶段学生作业负担和校外培训负担的意见》。此文件被简称为“双减政策”。

其次，本书发布的调研问卷由父母自愿点击并阅读调研说明后，与子女分别填写。这种便利抽样的方式容易带来抽样误差。为降低样本的异质性不足引起的抽样误差，本书发放问卷使用“整体邀请式”①（赵国栋，2013）。相比于“个人邀请式”②，在问卷填答率上，“整体邀请式”与“个人邀请式”的差异不大，而且实施成本更低，效率更高。“整体邀请式”亦能保证在符合条件的全样本中进行问卷发放，以避免“个人邀请式”中遗漏的潜在样本。因此，配合本书调研的教育机构，将调研问卷推送至培优业务覆盖的所有初中生父母，用区域差异增强样本的异质性。

再次，需提高问卷回收率，降低无应答误差。网络调查的说明、网络问卷的设计、网络调查的实施方式和是否提供奖品是影响问卷回收率的主要因素（赵国栋，2013）。因此，本调研在问卷开端说明了调查目的。问卷设计上，本书征询了几位父母和学生的意见，尽量保持文字简洁。问卷填写操作上，也以指示清晰为原则，邀请父母及学生进行了先行测试。考虑到此次发放问卷平台 App 的使用者是父母，因此在问卷内容的安排上，将父母问卷放在前面，学生问卷放在后面。为进一步提高问卷回收率，笔者提供了 1 元至 50 元金额不等的微信红包，在成功提交有效问卷的填答者中进行随机抽奖，用奖励提高问卷回收率。

最后，本书还注意提高数据的质量。发放问卷时，为避免多次填答的问题，本书在“问卷星”中做了只允许一个微信号提交一次的设置。问卷实施中，为尽量避免父母替学生作答，或者父母和学生一

---

① 在网站设立超链接或弹出式窗口，提供关键词搜索引擎，以及在网络讨论群组、电子布告栏讨论版及新闻群组等刊登问卷调查的邀请与超链接，供上网者自愿参加填写。

② 利用电子邮件等的方式，将问卷调查的信息与网络问卷的链接传递给所调查的样本，用以邀请受访者点击链接后参加填写的调查组织方式。

起填答学生问卷，问卷末尾设置题项“学生问卷是否是学生本人独立完成”，以便删除非学生独立填写的无效问卷，以提高数据可信度。

基于以上考虑，笔者进行了正式问卷的发放（正式问卷参见附录一）。时间为 2021 年 2 月 6 日至 3 月 5 日。发放结束后，共收到问卷 1465 份。删去非学生独立填答、答题时间过短（3 分钟以下）、个人信息填写明显错误（成绩填写超过 100 分等），以及量表题项均选相同答案的无效问卷后，得到有效问卷 1271 份，有效率为 87%，有效样本构成统计见表 1-2。其中，初一学生及父母占 48.2%，初二学生及父母占 35.7%，初三学生及父母占 16.1%。从学生性别来看，男生占 52.3%，女生占 47.7%。回答问卷的父母，有 22.4%为学生的父亲，77.6%为学生的母亲。从户籍类型上看，91.2%的父母为城镇户口，8.8%为农村户口。从问卷回收的地域分布来看，江苏占 17.55%，广东占 14.87%，上海占 13.61%，山东占 12.75%，北京占 8.5%，其他省份共占 32.72%。

（四）本书的价值

本书的价值主要来自理论和实践两个方面。

在理论方面，首先，本书有助于将父母参与相关理论的应用，从线下扩展至线上。20 世纪 60 年代以来，父母参与子女教育的问题就以跨学科和多视角的方式被各国学者不断探讨，并涌现出一系列成果（李佳丽和薛海平，2019）。这些研究所采用的理论大多建构于传统面授学习环境，如爱普斯坦（Epstein）的交叠影响域理论（Overlapping Spheres of Influence）（张俊等，2019），布朗芬布伦纳（Bronfenbrenner）的生态系统理论（李艳，2019）。在线学习在全球范围内的不断扩张，迫切需要我们将这些理论进行延展、扩充甚至重构，来剖析新学习环境下的父母参与。

表 1-2 有效样本构成统计

单位：%

类别		比例	类别		比例
地域分布	江苏	17.55	年级分布	初一	48.20
	广东	14.87		初二	35.70
	上海	13.61		初三	16.10
	山东	12.75	学生性别	男	52.30
	北京	8.50		女	47.70
	四川	4.25	父母角色	父亲	22.40
	浙江	3.86		母亲	77.60
	天津	3.70	户口类型	城镇	91.20
	陕西	3.38		农村	8.80
	福建	2.91	地域分布	吉林	0.55
	湖南	2.75		宁夏	0.55
	安徽	2.75		山西	0.55
	河南	2.05		内蒙古	0.39
	河北	1.65		贵州	0.31
	江西	1.26		甘肃	0.31
	新疆	0.63		海南	0.16
	黑龙江	0.63		广西	0.08

其次，本书有助于增强父母参与相关理论在本土应用的适用性。现有在线学习中的父母参与研究多来自国外学者。我国与西方教育体系和文化背景存在不同，使我国父母参与子女线上学习的方式、影响因素和效果，与西方学者的研究结果具有不同程度的差异。以美国为例，在线学习已是其基础教育阶段公立教育的一部分，并作为家庭教育（Home Schooling）的一种形式（Watson et al.，2009）。我国基础教育中的在线学习则广泛发生于校外培训市场，尚未被纳入公立教育体系。因此，本书将全面深度剖析我国在线学习中的父母参与，以构建更贴合我国教育情境的理论框架。

最后，本书有助于完善在线学习中的父母参与对学业成就影响的理论模型。以往理论较多讨论面授学习中的父母参与和学业成就两者之间的关系。当空间和时间的界限在线上学习中被打破，学生被赋予更多自由来进行知识探索和建构时，学习者便更需具备责任心和自律性。因而，自主性被认为是在线学习的基础和前提，也是决定学习质量的关键（陈丽，2021）。所以，本书以初中生这个有代表性的群体及其父母为对象，通过增加自主学习作为中介因素，来解析在线学习中父母参与对学业成就的作用机制，建立父母参与、自主学习和学业成就三者关系的理论模型，从而更透彻地阐释在线学习中的父母参与如何促进学业成就这个核心问题。

在实践方面，本书能为基础教育在线学习中的父母参与效果评估提供借鉴。面授学习中，父母参与是学生学业表现更加优秀的必备要素（Boonk et al.，2018）。在线学习中更需要父母的参与，因而各国纷纷出台政策鼓励父母参与子女在线学习。2019 年，美国 QM 和 VLLA 发布新的基础教育在线教育质量全国标准，就将父母参与纳入评价框架（周蕾和赵中建，2020）。我国教育部等五部门颁布的《关于大力加强中小学线上教育教学资源建设与应用的意见》，也强调学校要“引导家长有效配合指导学生开展线上学习”，并“加强学生线上自主学习指导”（教育部，2021）。可见，从政策层面，我国已开始关注父母参与子女的在线学习和学校对学生自主学习能力的培养。

当然，上述政策的执行成效需要通过系统性分析来验证。因此，科学的实证研究可以帮助政策制定者识别最佳的父母参与方式及其效果。本书从实证的角度，分析父母参与影响因素，评价父母参与效果，解析父母参与机制。这将为政策制定者、学校管理者和运营者提供佐证，以便进一步发挥信息技术优势，促进我国在线学习中的父母参与，推进基础教育在线学习的高质量普及。

第二章　父母参与

一　众说纷纭的父母参与

父母在英语中被表述为 Parents。教育领域的研究则将父母的概念延伸到包括父母、法律上的照顾者（Caregivers）和监护人（Guardians）在内、任何与学生拥有长期紧密关系的成年人（Stevens & Borup，2015）。对父母参与子女教育的强调，最早可追溯至 18 世纪初期卢梭（Rousseau）和裴斯泰洛齐（Pestalozzi）的教育观（Berger，1991）。卢梭在《爱弥儿》一书中告诫母亲们“在幼苗死去之前要耕种、浇水”“它的果实有一天会让你快乐”“植物因栽培而成型，人因教育而成材”。裴斯泰洛齐则进一步指出，“母亲是第一个给予孩子身体的人，请以上帝之名，也成为第一个滋养他心灵的人”（Berger，1991）。但直到 20 世纪美国父母教师协会（Parent-Teacher Association）成立，父母参与的概念才正式出现（李波，2018）。父母参与在英文文献中常被表述为“Parental Involvement”“Parental Engagement”“Parental Participation”。“Parental Involvement”侧重父母参与的各类活动；“Parental Engagement”代表了父母对活动的承诺和更大的自主权（Goodall & Montgomery，2014）；“Parental Participation”的含义更加宽泛，可包含以上两个概念。中文文献里父母参与也常被表达为“家长参与”或”父母卷入”。本书中的表述将不对这些细微差别进行区分，中文统一采用“父母参与”，对应英文“Parental Involvement”，以尽量包含所有相关文献。

由于研究目的、方法不同，学界至今尚未对父母参与形成一致性定义。因此，不少实证研究直接从父母参与的维度上进行阐释（见表 2-1）。

表 2-1　父母参与的划分维度

划分视角	划分维度	学习方式	文献出处
家校合作	养育、沟通、志愿服务、家庭学习参与、参与决策、社区联络	面授学习	（张俊等，2019）
参与场所	学校、家庭	面授学习	（李波，2018）
参与资源	行为、个人、认知	面授学习	（Grolnick & Slowiaczek，1994）
参与程度	缺席、支持、参与	在线学习	（Litke，1998）
参与形式	鼓励、示范、强化、指导	面授学习	（Hoover-Dempsey & Sandler，2005）
参与形式	鼓励、示范、强化、指导	在线学习	（Black，2009）
参与形式	鼓励、强化、示范、指导、适应、利用	在线学习	（Waters，2014）
参与形式	鼓励、监督、指导	在线学习	（Curtis，2013）
参与形式	促进互动、组织、指导	在线学习	（Borup et al.，2014b）
参与形式	鼓励、示范、强化、指导	在线学习	（Bird，2015）
参与形式	组织和管理学生课程进度、培养人际关系和互动、监督、激励、指导	在线学习	（Borup，2016）
参与形式	建议、监督、促进交流、鼓励、组织和管理、指导	在线学习	（Borup et al.，2019a）
参与形式	鼓励、示范、指导和强化	在线学习	（Nayar，2021）
角色分工	管理、行政和协作	在线学习	（Stovall，2015）
参与程度和学业期望度	互动者、督导者和助教，监工和传声筒、生活保障者	在线学习	（王晶莹和杨伊，2020）

续表

划分视角	划分维度	学习方式	文献出处
态度、行为和效果	态度：显性态度、隐性态度； 行为：提供支持、教师沟通、常规监督、效果反馈、直接参与、能力匹配、参与互动和培养自主性； 效果：父母参与的有效度、对学生成绩的满意度和学生对其参与的接受度	在线学习	（靳小玲和王晓宇，2020）

资料来源：作者根据文献整理。

关于面授学习下父母参与的实证研究，从家校合作的角度，爱普斯坦将父母参与划分为养育（Parenting）、沟通（Communicating）、志愿服务、家庭学习参与、参与决策和社区联络六类（张俊等，2019）；按父母参与的场所，科尔曼（Coleman）根据社会资本（Social Capital）和社会闭合（Social Closure）理论，将父母参与分为基于学校（School-Based）和基于家庭（Home-Based）两类（李波，2018）；从父母参与的资源类型，格罗尔尼克（Grolnick）和斯洛维亚切克（Slowiaczek），将其分为行为（Behavior）、个人（Personal）和认知（Cognitive）（Grolnick & Slowiaczek，1994）。行为参与指父母参与学校的家长会等各类活动。父母在这些活动中，往往希望传达他们对学校的掌控力，从而促使学生增强掌控学校生活的信心。个人参与指父母所表达出的态度，譬如对学生在校生活的关心。认知参与包括了一系列促进学生知识和能力发展的行为，如读书、谈论政事、听音乐会等。从父母参与的形式来看，胡佛·登普西（Hoover-Dempsey）和桑德勒（Sandler）从心理机制的角度，将其分为鼓励（Encouragement）、示范（Modeling）、强化（Enforcement）和指导（Instruction）（Hoover-Dempsey & Sandler，2005）。

关于线上学习中父母参与的实证文献较少。利特克（Litke）是最早开始研究这一问题的学者（Litke，1998）。后来，为全面评估远程教育，布莱克（Black）等学者在包含学生、教师、内容和远程教育支持系统的原有框架上，补充了父母参与，并认为它是被研究者忽略的重要因素（Black et al.，2008）。因此，更多学者开始关注这一领域，并形成了一些研究成果。

有的研究从参与形式上，对在线学习中的父母参与进行了阐述。

布莱克根据父母参与过程模型，从美国提供补充性在线课程的某州立中学，抽取 9~12 年级的学生及其父母为样本，将父母参与划为鼓励、示范、强化和指导 4 种类型后进行了量化研究（Black，2009）。伯德和纳亚尔也采用了同样的父母参与划分方式（Bird，2015；Nayar，2021）。

沃特斯（Waters）通过访谈 5 位在线学习学生的父母，证实了父母参与过程模型中的多种父母参与方式（Waters，2014）。沃特斯将父母的角色称为“学习教练”（Learning Coach）。鼓励是为让学生保持积极性。强化是为确保学生正确理解知识点，并能理论联系实际。在线学习中，父母的示范可以促进学生增强责任心（Liu et al.，2010）。父母通过阅读，展示如何有效获取互联网资源，演示自己解决问题的思路和过程，以让学生的学习变得快乐和可持续。指导是父母与学生共同思考和交换想法，来评估学生对内容的了解程度。作为“学习教练”，沃特斯还发现父母除了以上 4 种参与方式，还有适应（Adapting）和利用（Leveraging）两种参与方式（Waters，2014）。适应是父母为了满足学生的需要，对自己的角色和与学生的沟通方式进行动态调节，如指导学生的方式、教育理念、工作时间和工作量等。不像教师受限于教学计划，父母能够依照个人时间和对学生的了解随时进行调整。利用是父母为了回应学生的需求，动用包括教师、网络、伴侣和课程辅导资料在内所有资源的行为。在沃特斯看来，父母采用鼓励、强化、示范、指导、适应和利用的参与方式，旨在构建以学生为中心的学习环境，让学生能按照自己的节奏学习。

柯蒂斯在访谈美国全日制网络特许高中的学生父母后发现，父母用鼓励、监督和指导三种参与方式，来帮助学生适应新学习环境带来的各种挑战（Curtis，2013）。监督体现为父母为学生制订学习计划，准备学习材料，与老师沟通，询问学生的表现，查看学生的学习管理系统。鼓励体现为父母努力促使学生提高学习参与，并通过与学生畅谈未来的规划和期许，激励学生克服困难、实现目标。沟通中，若父母感觉学生与自己的期望值有较大差距，也会进行相应调整。指导体现为父母在课程选择、师生关系以及课程内容方面为学生提供及时回复。

博勒普在研究青少年在线学习时，将父母参与分为促进互动、组织和指导三种方式（Borup et al.，2014b）。促进互动包括培育、监督激励和志愿服务。组织指父母帮助学生制订学习计划，以按时完成学业。博勒普还从教师视角，剖析了全日制在线学习的中学生的父母参与。结果显示，父母参与的方式主要包括组织和管理学生课程进度，培养人际关系和互动，监督和激励学生参与，和在必要时给予指导（Borup，2016）。组织和管理学生课程进度是教师认为的父母的首要责任。父母要和学生一起制定适应学生偏好的日常学习计划。培养人际关系和互动指父母不仅需要维护好自己和学生的关系，还要促进教师和学生的互动，让学生成为自主学习者。监督和激励是促进学生参与的主要途径。正如柯蒂斯发现，父母往往会在设置高期望值后，激发学生参与各项学习活动（Curtis，2013）。博勒普认为，虽然这些父母参与行为与教师职能有所重叠，但若加强交流协作，就会有效提高学生学习效果（Borup，2016）。博勒普等访谈了九名参与补充性在线学习的任课教师，在汇总教师对父母参与看法后，将父母参与概括为建议、监督、促进交流、鼓励、组织和管理、指导六个方面（Borup et al.，2019a）。其中，指导是父母为学生提供重要的内容支持。虽然，中学阶段学生的知识和水平很多已经超过父母，但教师们认为父母仍然可以给予阅读、写作和语法等方面的帮助。监督是研究者发现的父母常有参与方式（Currie-Rubin & Smith，2014；Cwetna，2016）。在线学习要求学生能自行完成针对特定标准而设计的课程，如在视频和在线测试之间切换，或者阅读纸质书中的文本，并在电脑上记录。对于小学或者初中早期的学生而言，没有父母或成年人的监督，很难保质保量地完成任务。为确认他们是参与课程，而不是上网，父母便需要提供日常监督（Currie-Rubin & Smith，2014）。还有些父母的监督聚焦在学生网课的诚信度上（Russell，2004；Sorensen，2012）。在教师和学生物理空间分离的情况下，能否打造一个值得信赖的学术空间，父母起到了至关重要的作用。另外，不同于面授学习按部就班的教学方式，父母出于让学生超前学习，或摆脱面授学习干扰的目的，还承担着为学生选择在线学习和在线课程的职责（Cwetna，2016；Erb，2004）。

有的研究从父母承担的角色分工方面阐述了父母参与。斯托瓦尔（Stovall）在对基础教育阶段全日制在线学习的课程管理员、教师、学生和父母进行访谈后，将参与在线学习的父母总结为三类角色：管理的（Managerial）、行政的（Administrative）和协作的（Collaborative）角色（Stovall，2015）。作为管理的角色，父母负责与教师和课程管理员沟通，监督和管理学生的课程进度和表现，创建每周日程表，承担照顾学生的责任；作为行政的角色，父母标记学生的出勤率，帮助学生注册课程、接收作业任务、安排实地考察以及校外活动；作为协作的角色，父母参加学校和教师组织的会议，并和任课教师合作，给学生提供学习支持。类似于布莱克关注的父母和学生所感知的父母参与之间的差异（Black，2009），斯托瓦尔发现各个利益相关方对父母的行政和协作的角色看法也存在差异。与学生和父母相比，课程管理人员和教师更多将父母角色描述为行政人员。与学生相比，父母和教师更多将父母的角色描述为协作者。

还有的研究从频度上描述父母参与。利特克对提供补充性在线学习的一所美国中学进行了访谈研究。被访的教师、父母及初中生均认为父母是影响在线学习成败的重要因素（Litke，1998）。在教师看来，学习场所的切换需要父母承担更多监督、指导学生的责任。虽然在线学习的学习环境灵活，学生能够制定自己的时间表，将精力聚焦弱势科目，按照自己的学习节奏推进，被访的学生依然觉得父母参与必不可少。利特克还发现父母在在线学习中会比在面授学习参与更多，而且不同父母之间的差异程度较大，并将父母总结为缺席、支持和参与三种类型（Litke，1998）。缺席型的父母通常工作在外地或者处于离异状态，无暇顾及学生的学习。支持型的父母会询问学生、和教师交谈或提供辅导，来确保学生的学业进度。这些父母大多重视教育，并试图在线上学习中给予学生更多支持。参与型父母被认为最有影响力，他们会辅导功课、编辑文档、监督和检查作业。

我国学者对此领域的关注来自疫情期间的在线学习。靳小玲和王晓宇对疫情以来中小学在线学习的父母参与研究时，将父母参与划分为态度、行为和效果三个方面。态度指父母对在线学习的显性态度和隐性态度。行为则包含提供支持、教师沟通、常规监督、效果反馈、直接参与、能力匹配、参与互动和培养自主性。效果包含父母参与的有效度、父母对学生成绩的满意度和学生对父母参与的接受度（靳小玲和王晓宇，2020）。我国学者王晶莹和杨伊访谈了疫情期间的中小学生父母，并按照父母参与度是高或低，以及学业是单向期望度还是多向期望度，将父母参与归为四类角色——互动者、督导者和助教、监工和传声筒、生活保障者（王晶莹和杨伊，2020）。

无论是从哪个角度阐释父母参与，国内外文献均强调线上学习环境中，父母需要对教师在物理空间的缺失进行补足。这让父母承担了更多类似教师的职责。正如沃特斯提出的父母作为“学习教练”的观点：父母扮演了父母和教师两种角色，与学校进行了紧密合作

（Waters，2012）。爱普斯坦将这种现象称为“学校般的家庭”（School-like Home）。父母和教师具有一致的价值观和行为，并通过在家中扮演教师的角色，来促进学生的学习（张俊等，2019）。在线学习显然给予了父母营造“学校般的家庭”有利的条件。他们可以全程参与学生学习过程，随时掌握学生的优劣势，并用最合适的参与方式介入。即使学生现在还不明白教育的重要性，父母也盼望学生能有一天能理解，并在将来创造一个属于自己的未来。正是基于以上考虑，父母愿意牺牲时间和精力来参与学生的在线学习。当然，教师的角色也让不少父母面临着时间不足和技能不足的挑战（Waters，2012；Curtis，2013）。如何重新安排工作时间表，如何迅速习得教学技能，都是父母亟待解决的问题。

二　父母参与的理论透视

（一）青少年社区参与模型

在线学习是网络技术发展到一定程度的远程教育（Distance Learning）新阶段。

它不包括远程教育早期通过广播、电视、录音、录像等试听手段的学习，也不包括基于网络的教育软件的学习（iNACOL，2011）。有别于混合学习（Blended Learning），即至少有一部分是在受监督的实体机构完成的学习方式，在线学习完全是在师生物理空间分离的状态下，以计算机等数字化设备为媒介来完成的教学（Mayer，2018）。借助网络，学生可以突破时间、空间和社会地位的藩篱，来获取学习资源（钟志贤和杨蕾，2002）。

从类型上，根据沃森（Watson）的分类方法（Watson et al.，2009），基础教育阶段的在线学习项目类型划分如图 2-1 所示。沃森

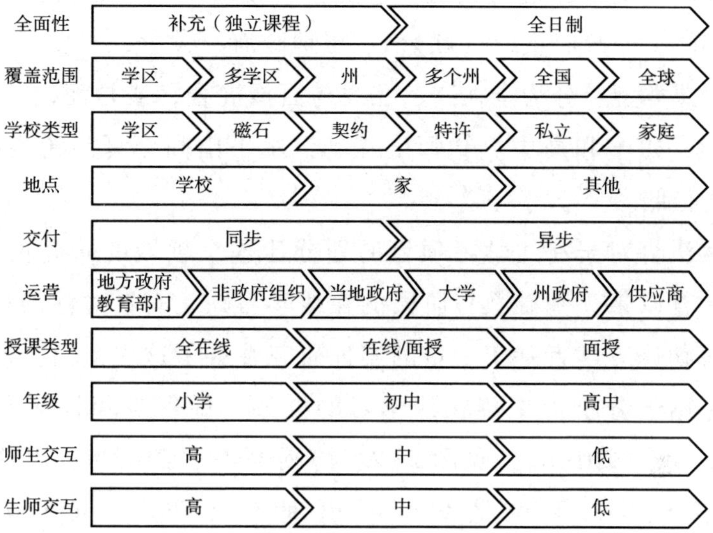

图 2-1 基础教育阶段的在线学习项目类型划分

资料来源：作者根据文献整理。

对在线学习通过如下几个维度进行了划分。①全面性：在线学习是提供少量的独立课程（Individual Courses）作面授学习的补充，还是为全日制学生提供所有课程（Full Course Load）。如果是后者，在线学校需要承担和实体学校同样的责任，如全日制网络特许学校。前者则仅为学校提供补充性课程，如虚拟学校。②覆盖范围：在线课程是覆盖一个学区内，还是跨多个学区、州、多个州、全国或全球。③学校类型：分为学区学校（District School）、磁石学校（Magnet School）[①]、契约学校（Contract School）、特许学校、私立学校和家庭学校。④地点：上课场所在学校、家庭或其他。⑤交付：在线课程交付方式分为同步或异步。美国基础教育阶段的在线课程主要是异步，即师生通过

① 磁石学校是一种学校类型或学校内的计划。通过特色课程超越学区限制来吸引家长和学生进行自愿性选择，以实现种族融合的目的。

电子邮件和讨论社区进行交流。⑥运营：在线学习的运营方是地方政府教育部门、非政府组织（联盟）、当地政府、大学、州政府或是供应商。⑦授课类型：分为全在线、在线与面授混合，或是面授。⑧年级：分为小学、初中和高中。⑨师生互动：水平由高至低。⑩生师互动：水平由高至低。

虽然沃森对于在线学习项目的划分让这个领域的研究更加清晰。但是，一直以来，基础教育阶段的在线学习缺乏有针对性的理论分析工具。博勒普等学者基于大量的实证研究弥补了这一空白。研究者们提出了专用于分析青少年在线学习的框架，即青少年社区参与模型（Borup et al.，2014b），见图 2-2。博勒普等学者认为，以往的在线学习理论框架，无论是交互距离理论（Theory of Transactional Distance），还是探究社区理论（Community of Inquiry）（万力勇等，2020），都没有考虑在线学习中父母参与的重要性。因此，基于维果斯基（Vygotsky）的最近发展区理论，以学生参与为核心，青少年社区参与模型提出了在线学习中，两个对学生参与有贡献的社区。一个是由教师、同学、平台管理员、辅导员组成的课程社区；另一个是父母、兄弟姐妹、朋友和社交网络组成的个人社区（Borup et al.，

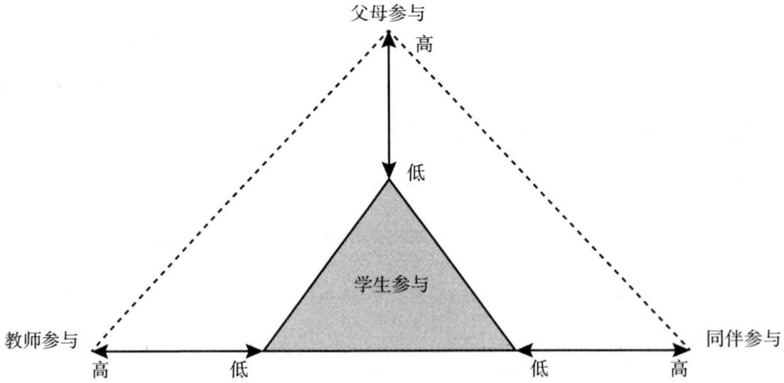

图 2-2　青少年社区参与模型

2020b）。同时，模型给出了在线学习中的学生参与、教师参与、同伴参与和父母参与四个分析维度（Borup et al.，2014b）。

学生参与包含情感、认知和行为参与。情感参与是促进任务完成的积极情绪，而不是回避任务的消极情绪。认知参与是为了理解复杂问题而付出的思考精力。行为参与体现为学生对活动的积极响应，如学术参与和社会活动参与。决定学生参与的学习者特质、个人环境和课程环境会受到同伴、教师和父母参与的影响。

青少年社区参与模型分析维度及具体指标见表2-2。教师参与包含促进交互、组织与设计在线课程和指导学生。促进交互包括培育（Nurturing）、监督和激励、鼓励沟通三个具体指标。培育良好的学习氛围和融洽的师生关系，有助于加强在线学习中的互动（Borup et al.，2014b）。利用学习管理系统（Leaning Managemennt System，LMS），教师可以对学生进行监督和反馈，激励学生并提高其学习动机（Dipietro et al.，2010）。另外，组织与设计在线课程也至关重要。加里森（Garrison）认为课程的呈现方式会大大影响教学效果（Garrison et al.，2000）。当然，教师最重要的职责就是指导学生学习，并在网络环境下表现为个性化辅导和建设性反馈。与探究社区理论中的教学临场感不同，青少年元认知和外控点方面都不如成年人，因此青少年社区模型中的教师参与覆盖了在线学习中所有教师的角色（Borup et al.，2014b）。模型中的教师参与活动，也可由一人或者多人共同完成。父母参与的活动与教师参与类似，包含促进交互、组织学习环境和指导学生。父母除了提供学习环境外，还会根据学生的兴趣和学习状态制订学习计划，并适时调整进度（Waters，2012）。当然，父母参与的大部分活动是指导学生。虽然父母并非学科专家，但也会进行搜集网上资料、改进学生的学习策略、提高子女的技术能力，以及检查学术诚信等活动。同伴没有责任或义务提高学生参与，但会影响学生参与，并表现为指导和协作、激励。

表 2-2　青少年社区参与模型分析维度及具体指标

分析维度	子维度	具体指标
教师参与	促进交互	培育
		监督和激励
		鼓励沟通
	组织与设计在线课程	组织和设计课程内容进度
	指导学生	指导学生
父母参与	促进交互	培育
		监督和鼓励
		志愿服务
	组织学习环境	组织学习环境
	指导学生	指导学生
同伴参与	指导和协作	指导和协作
	激励	激励

资料来源：作者根据文献整理。

与爱普斯坦的交叠影响域理论类似，青少年社区参与模型认为父母、教师的角色虽然各自独立，但可以对学生产生相互交叠的影响，从而全面促进学生的认知、情感和行为参与（Borup et al.，2014b）。因此，青少年社区参与模型侧重于解释多个影响因素如何协作。这种多方协作能提高在线学习中的社会临场感①。一旦社会临场感建立起来，学习效果就能得到提升（Garrison et al.，2000）。

青少年社区参与模型被提出后，博勒普及其合作者将其应用于在线学习的研究。研究者们选取美国犹他州一所网络特许学校的 9～12 年级高中生的父母和教师作为调研对象，用青少年社区参与模型分析了父母参与行为和教师对父母参与行为的看法。其中，父母参与在线学习可被归纳为五种方式：父母与学生建立信任、父母提供建议和指

① 社会临场感是一种能在以计算机为媒介的环境下，真实表达自己的能力。

导、父母为学生组织学习空间和安排学习时间、父母对学生学习的监督和激励、父母提供学习指导（Borup et al.，2015）。父母和学生之间的信任是之前研究中没有被提到的。在博勒普等学者看来，信任不仅是父母参与的结果，也是催化剂。另外，此研究也发现父母对学生的指导不是固定不变的，而会随时间和情况的变化而变化。教师对于父母参与的看法体现为教师是如何感知父母在学生学习中的角色，以及教师对于和父母协作的感受。分析结果显示，教师认为良好的师生关系可以增进父母参与，促使教师和父母更好地合作（Borup，2016）。此结果支持了青少年社区参与模型的假设，即学习社区的成员一旦建立了社会临场感和社区意识，就可以更有效地合作。博勒普等学者也考察了网络特许学校的高中生对同伴参与的感知（Borup et al.，2020c），以及教师对其自身参与的看法（Borup et al.，2014a）。奥维亚特（Oviatt）还用此模型研究了在线学习者在邻近社区的参与水平（Oviatt et al.，2018）。结果表明，完成网课的学生会受到邻近社区的教师、父母和同伴的影响。其中父母是与学生互动最频繁的资源。教师与父母之间的沟通，会影响父母参与的质量。

以上项目都是针对全日制在线学习的研究。在补充性在线学习环境中，由于线下会有辅导教师，父母参与方式是否有变化？博勒普根据青少年社区参与模型考察了在线教师和线下辅导教师对父母参与的感知体验（Borup et al.，2019a）。结果发现，当线下辅导教师的参与度较高时，对父母参与程度的要求就会随之降低，但父母参与仍然对学生的在线学习负有重要责任。

青少年社区参与模型的各部分已经得到实证研究的初步验证。然而，作为目前分析基础教育阶段在线学习的唯一理论工具，博勒普等学者希望保持模型的简洁性，因而只选取了他们所认为的主要因素，没有考虑学校带来的影响。在 2020 年应对新冠肺炎疫情的研究中，博勒普等人就发现，学校在危机中体现出支持和领导力对于在线学习的部署和实施非常重要（Borup et al.，2020b）。另外，我们也看到，采用此模型的实证研究都是质性的，并没有量化分析。因此需要更多的实证研究来对模型进行验证。

（二）父母参与过程模型

胡佛·登普西和桑德勒在 1995 年提出了父母参与过程模型，之后经过 1997 年、2005 年和 2010 年三次修订（见图 2-3）（Hoover-Dempsey & Jones，1997；Hoover-Dempsey & Sandler，2005；Hoover-Dempsey et al.，2010）。

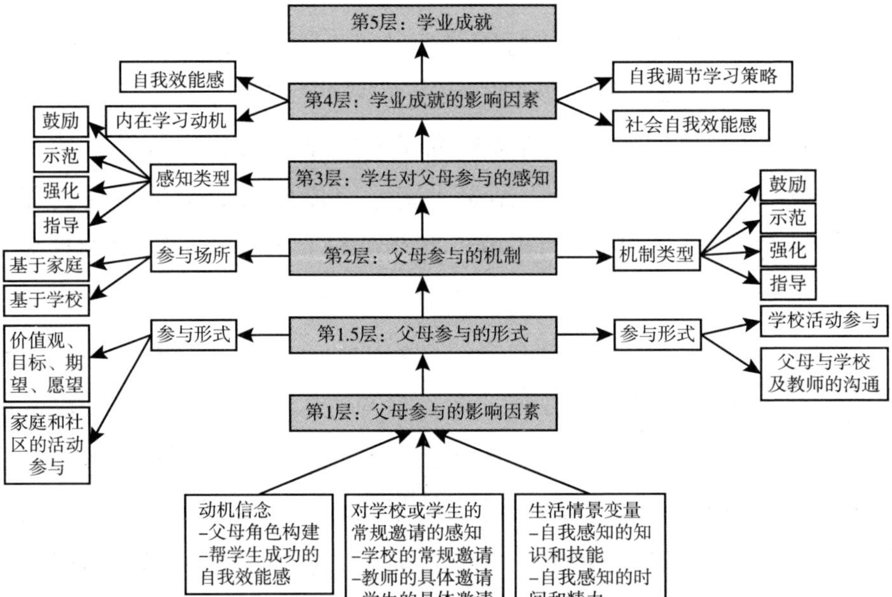

图 2-3 父母参与过程模型

此模型源自面授学习环境，且主要回答三个核心问题：父母为什么愿意参与学生的学习？他们是如何参与的？其参与能为学生带来什么样的学习成果？模型有五个连续的层次。

第一层是父母参与的影响因素，其中包括动机信念、对学校和学生邀请的感知、生活情景变量。动机信念基于班杜拉（Bandura）的自我效能感理论和角色理论，包含父母角色构建（Role Constructure）和帮助学生成功的自我效能感。当父母对学生发展、教育策略和提高学生学校表现具有相应的信念，并有较高的信心来帮助学生习得技能和知识时，就会表现为高参与度（史东芳等，2020）。第二个预测因子是对来自学校或学生的常规邀请的感知。角色建构和自我效能感低的父母，在学校、教师和学生的邀请下，能提高参与积极性。第一层还有一个预测因子是生活情景变量。父母在感觉知识技能不够时，会降低参与频次。因此，随着学生年级的升高，父母的参与程度会下降。父母的工作繁忙度、灵活度也将影响其参与的积极性。如果时间精力有限，父母就无法集中精力陪伴学生学习。当父母遇到和文化相关的障碍，如语言、习俗等问题，也很难有高质量的参与。

第一层和第二层之间的部分，描述了父母参与的几种形式，具体包括父母带给学生的价值观、目标、期望和愿望，以及父母在家庭和社区的活动参与，学校的活动参与，父母与学校及教师的沟通。第二层是父母参与的机制。从父母参与的场所来看，可分为基于家庭的参与和基于学校的参与。在参与活动中，父母参与主要体现为四种心理机制：鼓励、示范、强化和指导。第三层是学生对第二层中的父母参与的感知。学生是在与环境互动的过程中完成知识的自我建构。因此，父母的参与必须被学生感知和体验到，才能对学生产生影响。第四层是学生学业成就的影响因素。正是由于学生的学业自我效能感、内在学习动机、社会自我效能感和自我调节学习策略得到了提升，才带来了学业成就的变化。第五层是学生的学业成就，即父母参与的结果。

胡佛·登普西和桑德勒提出父母参与过程模型的同时，也设计了对应的量表。学者们基于此理论和量表，除在美国本土不同文化背景的父母中进行实证验证外，还将研究扩展到了美国以外的国家（史东芳等，2020）。大量面授环境下的实证研究包括在美国亚利桑那州持续了近十年的“实现美国梦”的干预实验，为父母参与过程模型的应用有效性提供了强有力的证据支持。

在线学习环境下的父母参与研究，也大部分采用了此模型来构建理论框架，以及采用模型对应的量表作为测量工具。布莱克用此模型研究了在线学习环境下的父母参与对学生成就的预测能力。他认为父母参与过程模型具有多维性、定量性，并且关注父母的心理因素而非社会经济因素和参与活动本身。因此，父母参与过程模型被认为是研究在线学习父母参与的理想工具（Black，2009）。沃特斯将父母参与过程模型的第二层作为研究框架的核心（Waters，2012），以质性研究方法深度探讨了父母作为学生在线学习的学习导师，提供辅导时的行为和信念。刘（Liu）等学者用美国南部一个州的38位学生及其父母数据，对父母参与过程模型第二层的父母参与量表进行了验证。结果表明，由鼓励、示范、强化和指导四个维度组成的父母参与量表，整体上具有较好的信度和效度（Liu et al.，2010）。

当然，虽然父母参与过程模型被认为是分析基础教育阶段父母参与最全面的理论模型之一，它也存在一定的局限性。该模型主要构建在心理学理论基础上，侧重于理解父母参与的相关心理变量。胡佛·登普西和桑德勒认为父母收入、社会地位、受教育程度等家庭社会经济地位的因素，无法有效解释父母为什么会参与学生的学习，因此并未放入模型中。布莱克探讨了家庭经济地位、父母受教育程度对于在线学习的学生可感受到的父母参与水平之间的关系。结果发现，无论是家庭收入还是父母学历，都对学生感受到的父母参与水平有显著影响（Black，2009）。沃特斯还认为，此模型也没有考虑学生的特征对父母参与的影响（Waters，2012）。父母参与过程模型具有情境依赖，即所有的行为是在校方欢迎的情况下，而很多学校从政策上并未给父母参与留出足够时间（Whitaker，2019）。模型也未考虑学校政策因素对父母参与的影响。

三 惹不起的青春期：父母如何参与？

本章的质性研究分析材料，来自 6 对配对样本的访谈数据。通过对 M01 和 S01 的案例微分析，笔者得以建立初步的父母参与维度框架，以及初中生在线自主学习的维度框架。为确认维度框架的合理性，本书纳入其他 5 对样本数据，进行了跨案例分析，以完成对父母参与维度框架的修订和子维度的提取。

（一）个案微分析：自律者出众，放纵者出局

在中学生在线学习中，父母的指导和监督行为，会更多转变为自主性支持。过多控制性的直接参与，容易与这个年龄段的学生发生亲子冲突（Curtis，2013）。因此，面对自主性发展需求增加的初中生，父母参与行为发生了变化（Boonk et al.，2018）。这些参与行为具有哪些维度？微分析可以让笔者近距离观察典型案例中的父母参与和初中生在线自主学习，放大被访者的行为表现和心理机制，从而形成更准确的维度轮廓。

微分析案例来自合肥的一对母女 M01 和 S01。M01 是一位悉心陪伴学生成长的母亲。从最初的在线课程选择、过程监督到效果评估，M01 时刻关注 S01 的表现，亲力亲为、不吝付出。M01 的女儿 S01，在母亲的呵护下，各方面表现优秀，是众人眼中的“别人家的孩子”。S01 曾经作为领唱，代表全省参加中国关心下一代委员会健康体育发展中心组织的“绚丽童年梦”合唱比赛，并获得一等奖。2020 年 9 月，S01 考入所在城市的重点中学就读初一。由于成绩优异，S01 被选为校学生会学习部部长。

笔者分别对 M01 和 S01 进行了两次视频访谈。第一次是在 2020 年 10 月 8 日。疫情以来，S01 和其他同学一样在家上网课。在学习效果上，M01 认为女儿具有很好的自律性，所以在线学习的效果不错。恢复线下课程后，为增强 S01 的英语口语能力，妈妈 M01 为其选择了“一对二”的小班英文线上课。第一次访谈后得知，S01 从小学到初中有些学习上的不适，包括英语在内的成绩也有所下降。因此，笔者在和母女俩保持持续沟通外，也很好奇这位母亲会采用什么方式和女儿相处，并帮助女儿调整状态恢复信心。于是便有了 2021 年 5 月 15 日的第二次访谈。半年的间隔时间，让笔者能从更加全面客观的角度，观察并勾画父母参与以及探究初中生在线自主学习的维度轮廓。

M01 来自贵州一个贫困地区。她依靠勤奋考入大学，走出大山，扎根城市，对于女儿寄予了很高的期望。自律是 M01 最为强调的品质。“自律则出众，放纵则出局”是 M01 的座右铭，也是她一直以来的育儿理念。

和大多数父母一样，M01 对在线教育的感知，始于 2020 年初的疫情。无法归校、只能网课的女儿，在线上学习中表现出来的自律性，让她倍感欣慰。随后的小升初，S01 毫无悬念地考入当地一所重点中学。M01 认为，正是女儿良好的学习能力和自律性，才使疫情以来的学习依然保持了最佳的状态。

> 孩子爸爸 1997 年参加高考差一点，最后无缘清华，主要是吃亏在英语。所以，在培养女儿的时候，我们的关注点放在英语上。
>
> 其他文化课程，孩子在学校学的还是不错的。然后英语，尤其是口语这块，我们觉得，就无法给予她更多帮助了，所以选择了在线。

谈起在线教育，M01 滔滔不绝地列举了各种在线学习平台的利弊。最后选择线上“一对二”小班课，M01 主要是考虑平台优质的北美师资和完善的教学评价体系。

因为当时想的，就是把她扔进语言环境里去，让她自己在里面学习，依靠不了任何人。

平台提供了同线下差不多的教学模式。课前让你去预习，课中互动，课后复习。

M01 对线上课程的服务感到十分满意。

每节课都有关于孩子词汇、句型等各方面的评价，而且很具体。譬如在上课回答问题的时候，孩子习惯用单词，而不是连成句子。这些学习习惯方面的细节，平台也会及时告诉家长。

精细化的反馈机制能够让父母实时了解子女的学习状况，并选择最佳时机介入。

对 S01 的在线学习，M01 分享了以下几个方面的参与。

（1）鼓励。

S01 所有科目中较为弱的就是英语。在线学习中，对于新的教学方式和学习环境，S01 有所不适，情绪一度低落。访谈结束后的那天晚上，M01 反馈：

孩子晚上偷偷哭了。线上英语学习中，口语和听力跟不上外教老师的速度，她可能有受挫感。这次学校的期中英语考试，成绩也不理想。

最近，S01 的情绪和食欲都不太好，原本很喜欢的合唱也不想去参加。在 M01 眼中，

> 女儿是一个自信开朗，阳光明媚，十八般武艺样样俱全的孩子。最可贵的是，当她热爱一件事情，一定会排除万难，刻苦训练。所以一直是外人眼中的别人家的孩子，学啥像啥。只有我知道，这一切并非天赋所赐。女儿的刻苦用功，很多时候令我很感动。

虽然，M01 面对暂时遇到挫折的女儿，稍有些手足无措，但很快就调整好了情绪和沟通方式。她相信，以女儿的能力，一定能度过这一次的低谷。一周后，我收到了这位母亲发给我的截图。图中是她写给女儿的信。信被装入精致的粉色信封中，信封上印有一家人温馨合照的剪影。

> 第二天，女儿即将出去参加一周的研学。我把信偷偷塞入了孩子的书包。希望她能好好消化，并在研学过程中放松心情，改善状态。

信中，M01 写道，

> 闺女，你的小学生活是多姿多彩的，也顺利画上了一个圆满的句号。毕业时，你有坚定的誓言。你要将小学时候的遗憾，在初中补上。你要努力学习文化知识，努力学会与人相处，做一个自己更喜欢的样子。宝贝，你有独立的思想和对未来的规划。我们为之欣慰，希望你坚持努力，活出自己想要的模样。
>
> 你要相信，你人生的每一个成长阶段，都不是孤军奋战，你

有爱你的爸爸妈妈。我们没有经验，所以要一起学习，共同克服学习中的困难。

无论遇到什么，爸爸妈妈都会积极配合，帮你克服障碍。还记得爸爸因为应酬而醉酒晚归，第二天凌晨还记得起来为你解题吗？妈妈在学习上不能给你更多指导了，但会积极为你做好后勤工作，借助外力，为你寻找更优质的资源，为你规划更行之有效的学习路径。

除了用鼓励性的话语激发女儿重新振作，M01 也表示，要做女儿的坚强后盾。S01 成长道路上，M01 认为老师和同学都扮演了重要的角色。

孩子大了，我知道有些事情她不愿意跟我们讲。所以，我也让她多和老师或者优秀的同学沟通。

M01 在访谈过程中，聊得最多的就是对 S01 的鼓励。她相信女儿有能力解决暂时的问题，但作为旁观者，又确实发现女儿还有不少思想包袱。她线上的学伴似乎学得比较轻松，而且表现更好，这让女儿的焦虑情绪更加严重。

我能做的，就是鼓励和陪伴孩子。

并且，M01 认为女儿需要的就是要正视问题，勇敢面对。在给 S01 的信里，她写道，

初中是你人生的关键时期，希望你能发挥出优秀的潜质，加上勤奋的付出，成为你想要成为的样子。我们会给你压力，学校

会给你压力，社会会给你压力。这是全人类的竞争法则，请你要更加勇敢地面对。

即使是成绩优秀的S01，也不免在学业中遇到挫折和困难。M01对女儿的鼓励，主要从增强学习信心的角度来疏解S01的情绪，让女儿更加勤奋，以走出困境。M01在意女儿在面对障碍时的态度和努力，鼓励S01放下私心杂念并轻装上阵。无论是在情绪、态度还是努力上，M01都对女儿内心表现出了极大的关注。这种父母与子女之间的共情，有助于沟通效果和价值传递。此外，M01在访谈中多次提到，必须依靠女儿自己，而父母也只能是助力，可以帮助规划学习路径，而不是提供直接指导。无论是M01力求女儿自律，还是定位自己仅是外力的角色，事实上她反复强调的都是女儿本身的自主性。

（2）示范。

M01是一位非常好学的母亲。

我们是成人，但也有很多不懂不会的。因此，需要继续学习。我没有刻意要给女儿做榜样。保持不断学习的心态，是我和她爸爸一直以来的习惯。爱读书，勤思考，才能解决生活中遇到的各种问题。

在学习上，M01还颇具行动力。第一次访谈中，笔者提到了王阳明的坎坷经历，认为“人须在事上磨，方立得住，方能静也定，动也定”的理念，可能会帮助S01汲取克服困难的智慧。很快，M01就购置了笔者推荐的书籍，还写下了读书心得，并和S01一起体会如何静心。M01看到女儿在线上英语中遇到了障碍，就买了听力资料，和女儿一起分析发音，并且开始将已经遗忘多年的英语找回来。S01

在另一个专门帮助成年人学习英语的平台报了名，每天坚持20分钟左右的跟读。

> 对她这个年龄，身教的示范比空洞的说教更有效，更容易接受。

M01在女儿的低潮期，愿意用身体力行的方式告诉女儿：

> 每个人都会遇到困难，关键是看你对待困难的态度，和是否有克服它的勇气。
>
> 我其实体力很差，每一次跑到一公里，就开始气喘吁吁，小腿酸痛。第二公里就成为考验身心的关键，我曾经放弃过。用各种理由走完剩下的几公里。后来，会因为这种行为而自责。因为建立了目标，就不能轻易放弃。后来我还是硬着头皮坚持，哪怕第二公里跑得再慢，也不许自己停下来。我会不断和自己对话，直到Keep语音提示，已经完成第二公里时，我的全身肌肉才开始慢慢适应。这时，我会调整呼吸。第一公里，一次呼吸能够跑五六步。第三公里，一次呼吸能跑三四步。然后再调整腿部动作，脚掌着力点。这样，第三公里就有一个突破。第四公里，我会调整摆臂动作。有节奏的默念并加快呼吸。12345678，22345678……这个节奏会让自己充满激情，五公里结束后居然会充满喜悦感！

不擅长跑步的她，坚持环湖跑有一段时间，已经累计了150公里。坚持跑步的感悟，被M01写成信分享给了S01。

> 我告诉女儿，跑步是个枯燥的训练，当我沉浸其中时，便有

不一样的心路历程。学习也一样，任何枯燥的事情，只要全身心投入，就可以收获到你想要的美好。

M01 还注意用示范来塑造 S01 的正确价值观。

我们四年以来，一直在默默资助一个四川省南部县的留守儿童。从 2016 年开始，我们每月按时支付 300 元生活费，平时也会支持一些教辅材料费。今年，那个孩子已经考上重点高中。

之前，我们一直没有跟孩子提过。做这件事，也是由于我和孩子的爸爸都来自贫困地区，深知学习对于改变命运的重要性。上周，正好带孩子看了《弱点》这部电影，孩子很有感触。讲述了一个黑人孩子被收养的故事。我觉得每看一部励志的电影，孩子都有新的思考。电影结束后，也就顺便告诉了她，我们资助留守儿童的事。当孩子知道后，也是为我们点了大大的赞。

在 M01 看来，示范就是学习氛围的建立。她觉得父母要为孩子营造一个适于学习的环境和氛围。阅读经典，从中吸收营养，汲取智慧，是 M01 繁忙琐碎生活中的日常。一切并非刻意，但能对女儿起到潜移默化的影响。在英语口语学习中，M01 用行动告诉女儿：与其焦虑，不如行动。在坚持长跑的例子中，M01 向女儿展示了自己如何克服困难，解决耐力问题，从最初不适到最后适应的过程。这种身教的示范，显然比言传更为生动且奏效。另外，价值观的示范也是 M01 非常重视的方面。这种在价值观方面的引导，虽然无法直接帮助 S01 解决眼前的学习问题，却可能转化为 S01 更大的学习动机。

（3）强化。

英语口语是 S01 的弱项，M01 希望通过网课，提高女儿与外教交流的自信心，并促进其表达能力的全面提升。

有时候，孩子松懈了，我都会给她一些愿景。我常对她说，把外语学好了，就可以在出去旅游的时候，让她当导游。但这就需要她对另一个国家的人文有所了解。还得有一定的语言知识储备，能和别人进行日常交流。

孩子有学习进步后，我们也会寻找各种机会，把孩子推出去，让她去锻炼提高。譬如在学校参加英语话剧社团。既然有了输入，也需要她定期有一些输出，把学到的东西转换出来。

在学习上，M01 最重视对 S01 自律性的培养。

我和她爸爸平常工作也很多，家里还有一个弟弟需要照顾，无法兼顾。所以就希望女儿能把自己管理好。在线学习对孩子的自主能力要求还是很高的。像她今天上午有网课，她就会在学习之前，把所有需要的内容预习一下，上课的环境也会自己整理好。

女儿在计划和执行方面表现好的话，我也会常表扬她，说她是弟弟的好榜样，让她带着弟弟一起学。弟弟也在线上学英语。很多时候，除了单词，还有好多语句连我们有的时候也不是很清楚。然后这样，弟弟跟着姐姐，弟弟也有进步，姐姐也有成就感。

表扬和奖励是强化的主要手段。访谈中，M01 也主要运用了这两种方式。从奖励的表述中，M01 提出的条件还具有模糊性。“外语学好了”到底是指什么？M01 后来告诉访谈者，其实奖励的运用在 S01 身上并不多。类似于外出旅游的许诺，多根据时间来安排，并不会因为考试或者学习结果而有所不同。表扬是 M01 常用的强化方法，一方面是增强 S01 的自信心，另一方面也是为了培养优良的学习习惯。M01 认为，线上学习对 S01 最大的挑战就是自主性。要提高效果，她需要继续督促 S01 更加自觉地完成各项学习任务。

（4）指导。

在英语上，M01 觉得自己和爸爸都无法提供更多的直接指导和帮助。所以选择让女儿紧跟老师的教学步骤和节奏。

> 从教学模式上，这个机构和线下比较类似。我的要求，就是让女儿按照线下课程的习惯，依照老师的要求，做好预习和复习。认真听课。孩子总体表现还是挺好的。有不懂的问题，我们也解答不了，就是让她多问老师。

老师是 M01 多次提到的，愿意引入并帮助女儿解决心理困惑和学习问题的外部资源。

> 昨天，我就带着她和小学班主任老师在公园里谈心。小学班主任老师对她影响挺大的。我就让她把近期的一些英语方面的问题反馈给老师。我告诉女儿，妈妈现在借助外力来帮助她，开个头，引进去，最后还得自己去修炼和成长。

M01 直接给予女儿的指导不是在学习技能层面，而是心理层面。

> 要学会静心，静心则万事顺，心浮则万事乱。

并且，这些指导也大都通过书信进行。M01 感觉，初中之后，女儿和父母的沟通态度发生了变化。

> 有时会因为一个小问题而交锋，有时会默不作声表示抵抗，有时会互相猜测，有时会斗智斗勇。
>
> 孩子长大了，有自己思考的方式和处理问题的方式。

书信中，M01 愿意剖析自己面对女儿变化时的内心世界和真实想法。

> 我们在慢慢适应你长大的样子。即使有时被怼得体无完肤，爸爸妈妈也相信，你永远都是我们最贴心的小棉袄。
>
> 孩子，你跟我说过，我现在变得敏感易怒。回想起来，这个焦虑可能是从你小学一毕业就开始了。我把你当成初中的孩子，用初中生的节奏和状态来要求，但你始终进入不了状态。所以我就显得焦虑不安。

书信的沟通，让双方的交流变得更加理智，从而最大限度降低冲突。

在学习方法层面，M01 认为自己不能给予女儿更多帮助，所以选择相信老师和专家。或者让 S01 跟紧老师的教学，或者在遇到问题时，引入曾经的小学老师协助答疑解惑。在心理层面，M01 针对初中生的特点，充分发挥书信的优势，替代过去的言语教导，用异步交流的方式，来增进母子沟通，提高指导的效果。

（二）跨案例分析：多管齐下的父母参与

1. 鼓励

鼓励是父母对子女提供的显性感情支持（Hoover-Dempsey & Sandler，2005）。它包括父母对子女学习表示出的兴趣，激励子女进行不同学习策略的尝试，帮助子女夯实学习自信心。

访谈中，鼓励是所有被访父母谈论最多的部分。这些对子女学习策略、自信心等方面的明确感情支持，不针对具体问题，但能让学生跨越学习障碍，更自信和自觉地完成学习任务。父母们均认为，初中以后的学习是子女自己的事，父母需要退后化身为吹鼓手，以及随时需要随时提供帮助的庇护神。M02 给儿子的信中就写道：

能够给你的其实越来越少，除了像你说的，努力不成为“猪队友”之外，还想要成为你的这段路上的一弯月亮。陪伴和多多少少为你照亮。你不需要我的时候，我就消失，你需要我的时候，就出现。

M05 认为儿子在这个年龄情绪波动比较大，“软硬不吃，只能鼓励多一点。”M02 谈到 2020 年上半年疫情以来的校内网课时，表示：

那个时候学校课程比较紧张，孩子处于青春期，我就采取了尽量少指导，多夸赞的方式。即使看到他学习效率不够高，也尽量回避不直接指出问题。

可见，鼓励是父母认为避免亲子冲突的最佳方式。

至于鼓励的具体做法，被访父母们表示，在线学习中，首先就是鼓励子女相信自己的能力。S02 从初中就开始住校。因此，M02 担心孩子沉迷网游而放松学业，就保持几乎每周一次的通信频率。在信中，她写道：

孩子，你是一个特别不怕吃苦的少年。你需要的只是想明白做什么，然后我相信，你是个会拼命的少年。你有特别适合学习的素质，只需心无旁骛，只需目标照进现实。我相信你会有属于自己的学习方法。只要你的目标意识足够强，就一定能不断完善自己的学习习惯。因为没有人比你自己更清楚，哪些是你的薄弱知识点，哪些是总制约着你取得更好成绩的绊脚石。网上学习作为一个自由的环境，可以培养你的自学能力，也有可能因自由过度而让你沉沦。

M02 会在信中“刻意放大某些焦虑和情绪，让孩子慢慢消化”。自主性的培养是 M02 一以贯之的教育理念。从小，S02 就被 M02“打包为一个具有自主学习能力的小孩”。M02 提道：

我给他的都是最低要求。所以，孩子会做得不够好，不够用心，但知道我的底线在哪里。而且，我也让他自己相信，他能把自己管理好。所以孩子一直认为，学习是他自己的领地。在他六年级，也就是我最忙的时候，他的学习状态反而是最好的。现在到了初中住校，孩子就更得让自己独立起来。网上的学习，都基本是他自己报班，自己上课。作为家长，我会尽量往后退。

类似的，M01 也经常对 S01 说：

妈妈现在更多的是在外力方面给予支持，主要得靠你自己。线上学习可能会有孤独感，但这些问题都得靠你自己解决。

当然，如果子女本身个性强，具有较高自信度，父母也可能因此而降低对其自信心的鼓励。访谈中，F06 就属于此类案例。在 F06 看来，S06 是个“自信心爆棚的小孩。课堂中，特别愿意和老师交流。他从来都觉得自己很厉害。所以，我们平常就很少鼓励他，怕他过度自信。”但 S06 成绩不尽如人意，尤其是英语较弱。这令 F06 烦恼不已。毕竟，中考是每个家庭要面临的挑战。因此，英语补习方面，他认为 S06 自尊心强，怕自己跟不上。

> 孩子一直很抗拒。现在网络资讯发达，他拿教育部的政策、媒体的报告出来说事，和我们理论，说辅导班有各种问题。我也不能说他是错的。

但即使这样，F06 还是会选择在必要的时机，用 S06 疫情以来网课的良好表现鼓励孩子，期望能通过线上课，在初中阶段提高 S06 英语听说的基础能力。

M03 的孩子成绩处于中等水平。M03 认为，S03 虽然学习成绩一般，但“不要着急，像线下课程一样，上好每天的网课。扎扎实实，有付出就一定有回报，要相信自己的学习能力”。可见，无论子女的学习表现如何，让孩子相信自己的能力，都是父母经常采用的鼓励方式。

相比于面授学习，线上学习带来了更大的学业挑战。其中，有来自在线学习本身带来的孤独感，因师生距离产生的交互障碍，各种网络游戏和社交媒体的干扰，以及学习者学习能力等诸多问题。对于初中生来讲，这些问题解决起来并非易事。因此，父母通常会鼓励子女不要轻言放弃。M04 是位单亲妈妈。多年母女相依的生活，不仅让她变得更加坚毅，也让她对于坚持两个字有着深刻的理解。“一旦选择，就不能放弃”是她做事的基本原则。因此，M04 会尽可能找资源满足女儿的要求，但不允许她半途而废。

> 例如弹钢琴，就是她一年级的时候提出来的。后来有几次反复，说不想练了。我就鼓励她坚持。一直到现在，她已经初二

了，还在练，而且越来越喜欢。

S04 在初一开始上英语网课，感觉外教语速过快，很多表达听不懂。

女儿在网课中对于老师也很难有亲近感，所以最初互动起来就偏被动。

于是 S04 一度产生了厌学情绪。本来不错的英文成绩，也有所下滑。M04 就时常鼓励女儿克服学习中的困难。

学习没有捷径。就像我们学艺术的。每一笔一画都是在日积月累的训练中不断提高。放弃了，就是“武功全废”。英语听力和口语，唯有多练，才能有效果。

如果说，S04 的问题产生的原因之一是网络学习中的师生距离，那么 S05 正好相反。他特别喜欢网课的数学老师，也和老师沟通得很好。而问题则出现在，线上课和线下课的两套不同的授课系统。M05 分享道：

一般情况下，网课老师讲课节奏快，主要讲思路。线下课的老师，在步骤上就要求特别严谨。孩子总按照网课教的方法做题，结果对了，但过程不符合学校老师的要求，一到考试就很吃亏。老师因为这个事，就专门把我叫去过学校一次。毕竟考试，你还是要按照学校的那套流程规范。所以在这个问题上，我多次提醒和鼓励他，要注意解题的过程。

有问题要克服并直至完全解决，轻易放弃的话，既解决不了眼前的困难，也会让人失去自信。

做题不规范，已经让 S05 在多次考试中年级排名落后。“孩子对于自己学习监督性不够，犯了错，也不太知道反思。由着自己的性子做题。”S05 的成绩总体还是不错。因此，M05 会鼓励儿子：

> 分清主次，千万不能网课上多了，忘记了学校的规范。目前的问题，以你的能力，是完全可以克服的。我们不着急，从每天的作业开始，形成良好的习惯，一步步来。

父母也会鼓励子女不断尝试各种方法来解决困难。作为学校管理者的 M02 经常遇到复杂问题。以自身的经验，M02 认为，“办法总比问题多。不要期望一个办法能解决所有问题”。因此，鼓励孩子不断尝试，是 M02 日常的做法。线上学习中，S02 最大的困难是学习时间不足。住校是军事化的管理方式，S02 并没有太多时间去完成网课。而 S02 自己报了语数英等多门课程。如何有效学习？M02 尝试让孩子列任务清单，分轻重缓急，鼓励孩子动态管理不同课程的优先级，找到当前和学校学习最匹配的方式。每周一封的家书中，母子俩也会讨论关于学习效果优劣的问题。

> 俗话说得好，条条大路通罗马，没有解决不了的问题，只有你想不想解决的问题。

M04 也很认同，解决问题要多尝试。S04 是从 2020 年春节后，开始在线学习。最初，按照 M04 所说：

> 我们都有点抓狂。听网课时，她鸡飞狗跳，各种问题。设备

上的，听课方式上的。我就让她静下心来，一个个解决。譬如上课分心的问题，是需要更换学习场地，还是摆脱手机的问题，或者课间做做操，画个画，弹个琴。总之，我鼓励她都试一试。最后，她找到了适合的方法。例如，每天按时作息，保证睡眠；课前检测一下网络；听课、做笔记；听课时手机放在另一个房间等。这些都是孩子自己摸索出来的。让我觉得很欣慰。

除了鼓励孩子自己多尝试，M03 认为，父母和孩子一起解决问题也很重要。这个过程能增加亲子互动。M03 就反思自己平常可能过于唠叨，将重点放在数落孩子的问题上而非解决问题上。于是，在 S03 线上学习中，她就改变方式，和孩子一起分析，到底哪些数学知识掌握得不牢靠，是初中还是小学的知识，再寻求解决途径。孩子的学习积极性得到了提高。

当然，学习上的问题，被访父母除了能提供粗线条的学习方法和策略建议外，知识上都颇感心有余而力不足。沃特斯的研究就发现，父母在子女线上学习中遇到的最大挑战之一就是技能不足（Waters, 2012）。初中课程的难度本身就已经超出父母辅导的能力范围。线上授课中教师在物理空间中的缺失，需要父母承担部分教师的功能。因而，父母需具有足够的技能才能应对。显然，大部分的父母还做不到。解决的办法，就是求助他人。M05 表示：

我愿意鼓励孩子有问题找网课老师。网课的老师和孩子比较亲近，上网课氛围好，笑声不断。

除了线上授课教师，M03 鼓励孩子去找助教。

网课的老师下课就走了，助教会帮助批改作业，对孩子情况也更了解。

M02 和 F06 则鼓励孩子多和同学交流。

可见，鼓励是在线学习中父母常用的参与方式。经过以上跨案例分析和编码，可形成鼓励的子维度，如表 2-3 所示。

表 2-3　鼓励的子维度分析

维度	子维度	材料来源	参考点
鼓励	尝试多种解决方法	4	12
	相信自己	5	15
	遇到困难不放弃	5	10
	向老师或同学咨询来解决问题	3	7
合　计		17	44

2. 示范

学习是通过模仿开始的。周围的成年人往往会成为学生学习模仿的对象。尤其是当父母是有响应性的、有能力的、有权利的和可接近的人时，这种示范往往对学生有深刻影响（Hoover-Dempsey & Sandler，2005）。

访谈中，父母都提到自己存在示范行为，但多表现为一种无意识。M02 说："一般不会刻意给孩子做示范。"

作为学校的老师，我有很多培训，也会利用闲暇时间看书或者上网学习。这些我的日常，都毫无保留地展现在他面前。

M02 认为儿子将她这些的学习习惯，一定都已经看在眼里、记在心上。示范在她眼中，是自然发生并有"润物细无声"的效果。正如 M02 所希望的，S02 能感受到 M02 给她带来的示范，并提道：

她当时在做学校大队辅导员的时候，还担任班主任和语文老师，其实是很辛苦的。从她身上，我能感受到，你在承担一份别人赋予你的责任时，你要对得起别人对你的信任，或者用你的行为来证明你的能力。另外，她面对问题的态度都是非常积极向上的，永远是一种乐观的精神。妈妈会寻求朋友的帮助。这让我知道，单纯依靠自己是不够的，寻求外界帮助也是重要的一环。

M04 是一位艺术工作者。设计饰品、为学生上课、看画展，有着令人羡慕的浪漫日常。但在她看来，正是自由职业者的工作属性，让她养成了合理安排时间、有序执行的好习惯，并努力克服各种困难。S04 在谈到妈妈的日常对她的影响时，就表示自己遇到困难时“就会不由自主在脑中浮现出妈妈处理类似问题时的过程和步骤，然后试图先模仿”。父母虽然不会有意识地进行示范，但这种长期以来不自知的行为习惯，都会对子女从幼年时期产生影响，并保留在他们的脑中。初中生虽然已经开始走向独立，但这些来自幼年时期的“印刻”① 会如 S04 提到的“不由自主”一样难以磨灭。这个阶段的学生也开始从模仿走向认同。当然，认同是高水平的内化，是形成独立的重要成分（李晓文，2001）。只有经过认同，才能转化为子女的行动。认同代表了对被认同者的信服和爱。就像 S02 在谈及妈妈时，说：

她平常工作特别忙，我也想把自己管理好，少让她操心。我希望她开心，我也开心。

笔者发现，M02 和 S02 之间的情感纽带，是促成 M02 的良好示

① “印刻效应”是心理学中的发现。它指人类对于最初接受的事会留有深刻的印象。一般来讲，人类的印刻时期是 1~5 岁。

范发挥价值的重要因素。这在 M04 和 S04 以及其他访谈的案例中也有类似的体现。可见示范是父母参与的一个重要维度，亲子关系是影响示范效果的重要因素。

在示范方面，正如 M02，不少被访父母愿意在孩子面前展现自己爱学习的一面。M04 表示，除了繁忙的设计任务，她还抽空学粤语、法语和街舞。

> 法语对我的设计工作有帮助。有时需要看看外文资料。粤语歌喜欢听，索性就开始学。现在车里导航就是粤语，怕不用就忘了。街舞是上学时期就喜欢，一直没时间学。用零碎时间学习，自己安排时间，是我这类自由职业者的特点吧。可能对她会或多或少有些影响。

M05 则会投其所好地为孩子推荐图书。这些图书大都是她先阅读，然后让 S05 看，再进行讨论，以达到母子深度交流的效果。

> 孩子喜好变化也快。前段时间，他喜欢科幻，喜欢听一些科幻音频。今年开始，人家喜欢音乐，喜欢听任何的音乐。我会试图跟上孩子的脚步，也表现一下自己爱学习的意愿。

也有父母愿意呈现自己积极面对并享受解决生活中各种问题的一面。M01 为了兼顾生意和照顾女儿，便在女儿学校边开了一家桂林米粉店，每天几乎从早晨四五点忙到晚上 12 点左右。出于疫情的原因，进店堂食的客人越发稀少。不善运用社交工具的她，体现出坚韧的苗家女特质，花了 3 天学会了网上开店、下单和订单管理。这些过程，S01 都参与其中并深受感染。她常跟女儿说：“不同的年龄，不同的取舍，不同的岁月，不同的生活，做好每一个阶段的自己。”她还开玩笑道："也没有什么是一碗螺蛳粉解决不了的，如果有，就来两碗。"

F06鼓励儿子的方式则是"升级打怪"。作为企业技术管理者，每天面对的都是庞杂烦琐的流程和层出不穷的问题。"把解决问题当成对自己的修炼"是他对S06的鼓励，也是自己的座右铭。

被访父母还愿意在子女面前表现出永不言败的态度。M01是从桂林瑶山走出来的、以少数民族身份考上大学的苗族姑娘。多年的异地奋斗经验，让她坚信没有克服不了的困难。她很喜欢的一句话是"前方无绝路，希望在转角。走自己的路，阳光下灿烂，风雨中奔跑"。M02则在S02上初中后，她就明确和孩子说："我有我的工作，我也热爱我的工作，无论遇到任何事情，都要想办法解决。放弃容易，坚持很难。"同样，M04也表示："从不接受自己半途而废。任何兴趣，都会坚持到底。"

遇到困难，父母会尝试各种方法来解决。例如，在处理和孩子沟通的问题时，M05就从言语沟通转为书信沟通。

> 让孩子把对我的不满，或需要我改的地方写出来。说话就容易带情绪，在写的过程中，他的气一直在消，也能比较客观。然后，我按照他写的我的缺点，再去和他沟通，就顺畅很多。

M04在帮助S04学习古文时，就尝试了各种办法，最后找到的办法是：

> 每天抽时间陪孩子去散步。完后就给她讲一段红楼梦里面的故事。持续了两个多月，孩子愿意自己读原著，成绩也进步了很多。

M01发现女儿上初中后，成绩不如小学那么拔尖，尤其是英语成绩有些落后。

她昨晚还偷偷哭了。可能有些受挫。我想给她换个辅导班，也咨询了好几位老师和同学家长。但似乎没法缓解她目前的低落情绪。上周，我还约她的小学班主任和她谈了心，周末带她去看了一部班主任推荐的电影《彩虹》。电影很感人，我们都哭得稀里哗啦。看完后，她抱着我也宣泄了一番。她觉得自己学习状态差。我心里也很焦虑，孩子比较敏感，所以也不敢说太多。基本是听她说。孩子马上要生日了，我也准备了一封信。如果说，我给孩子有什么示范，那我觉得，在解决问题上，我就是会这样找多种办法。希望对她有所影响。

从以上分析，可以看到示范是在线学习中，父母参与的一个维度。通过进一步的跨案例分析和编码，得到示范的子维度，如表 2-4 所示。

表 2-4　示范的子维度分析

维度	子维度	材料来源	参考点
示范	好学	4	13
	享受解决问题的过程	2	5
	不轻易放弃	3	8
	想各种办法去解决问题	3	6
合　计		12	32

3. 强化

强化作为学习的基本原则，也是行为模型产生和维持的原因（Hoover-Dempsey & Sandler，2005）。当学生的行为被不断地正向强化，他们就会有重复的行为模型。奖励和表扬是强化的手段，但需要遵循最低充分原则（Minimal-Sufficiency）（李晓文，2001）。正如 M05 所做的，在第二年网课学习中，按时提交作业的小表扬就基本没有了。足够的外部强化可以避免学生的习得性无助。并且当外部强化是以自主性为目的时，就能发挥更大功效。处于青春期的初中生，尤其需要得到理想对象如父母的认可。这些认可会让子女感受到其行为对周围环境产生的影响。

访谈中，父母聊到了对子女一些行为的强化。

每当学生表现出对新知识的兴趣，父母便会用表扬或奖励的方式让这种兴趣能持续。F06 会给军事迷的孩子在网上寻找各种资料，包括购买课程，但很少表扬孩子。M02 知道 S02 特别喜欢阅读，所以“只要孩子要，都是成套购买”。

父母也会在子女有良好学习态度时给予强化。S05 不喜欢背诵类的科目。为了让儿子不要太偏科。M05 分享道：

> 我会在早晨一起床，就打开音频，让他听听政治或者历史，想给他多灌点。他写作业时，拖到最后一刻的，也往往是历史和政治。这些科目，如果学得认真，我就会表扬他。毕竟考试不是只考数理化。有时，我也给他点物质奖励，譬如游戏的皮肤呀，装备呀。希望刺激他一下。

M01 则会许诺境外旅游来鼓励 S01 刻苦练习网课中的英文。

孩子能安排好自己的学习生活，也是父母认为值得表扬或奖励的一个方面。M05 希望通过强化帮助孩子改掉拖拉磨蹭的习惯。

> 网课的作业，像数学的话，每天都有 1~2 道题的作业。老师要求每天晚上 10 点以前提交。最开始上网课，孩子爱拖拉到最后，中途喝水，上洗手间。总是弄到 11 点。我希望他能自己把安排好，毕竟初中了，作业也多。现在每天各种作业，弄到 12 点，基本就是常态。所以我就和网课老师一起配合。如果他按时交，就请网课老师上课时给他点儿小表扬，我在家里也会表扬他。

在表扬的持续时长方面，M05 承认，“S05 基本能够自觉按时完成作业后，表扬就减少了”。这也回应了前面提到的最低充分原则。F06 也认同强化对于孩子现阶段具有一定的效果，但表扬和奖励似乎对孩子作用不大。

> 我观察他每次上网课，就会在课前和课后一个小时内，迅速把预习、作业和复习做了。但平常，英语网课就像和他没有关系。我们希望他能在平时也多积累单词，做一下阅读。孩子妈妈让他放学后，用“百词斩”背单词，但执行得并不好。孩子从小就特别有主见，他自己不想做的事情，强迫也没有用。在时间管理上，如果他能把学习时间自行规划得再分散一些，对英语来说，效果就可能更好。每天机构都会发一些资料，倒是挺负责。但孩子一般都不看。我们也没有什么特别好的办法，让他有动力去每天多学一些。

父母都愿意让孩子多跟老师沟通，及时解决学习中的问题。M03 就提到，S03 比较善于在在线学习时和老师沟通，而这源于她刻意地促进。

> 孩子上的是大班网课。这造成他和讲课的老师并没有太多机会交流。我最担心的是，他不和老师沟通，问题会积累得越来越多。但是他下课后还有助教老师。所以，我就在每次孩子和助教老师反映或请教问题时，都表扬他。

因此，强化是父母参与子女在线学习的一种方式。不过，父母们都表示，这确实不是他们目前最常用的参与方式。M02 说，对于他这个年纪，要求具体，效果不好。在中学阶段，他听不太进去，会转化为负面和缺乏信任。所以，我更多的强化是在小学阶段。

最后，根据跨案例分析，编码后形成了强化的子维度，如表 2-5 所示。

表 2-5　强化的子维度分析

维度	子维度	材料来源	参考点
强化	渴望学习新知识	3	8
	正确的学习态度	5	10
	自我规划学习	5	9
	和老师沟通	4	7
合　　计		17	34

4. 指导

指导行为发生在父母与子女的社会性互动中。通过指导，父母参与到了学生的学习策略制定和学习过程的共同思考环节，因此是深度参与学生学习的一种表现（Hoover-Dempsey & Sandler，2005）。

几位被访父母都认为，在知识技能、学习经验上的不足导致自己无法给子女提供合适的指导。而指导本身，在处于青春期的学生身上，也容易引爆亲子冲突。因此，父母较少进行基于学习内容的指导。M02 谈道：

疫情以来的在线学习，学校本身安排的就很紧张。而且那个阶段，是孩子进入青春期的时候。我采用了相对回避的状态。大多数时间，都是孩子自己在房间完成的。事实证明，他在房间进行的学习，效果确实不尽如人意。主要是课堂听课的质量不够

> 高。如果时间穿越回去，我也不觉得自己能给孩子更准确和有效的指导。即使现在孩子已经到相对平稳的阶段，孩子也不愿意听太多我的教导。

因此，不少父母表示，他们不会像小学时期那样手把手地教孩子。大部分时候是给思路，开个头，让学生自己去完成。

具体方法上，父母大都让子女按照老师的要求去学习。M02 秉持了三个“尽可能”原则，即“尽可能按照老师的要求，尽可能让孩子像线下课堂一样的状态，尽可能完成作业”。其中，老师的要求被放在了第一位。“老师经验丰富，对孩子的学习进度和状态，都更了解。”M05 提到的老师的专业性和权威性，也是其他被访父母都比较认同的。

万一遇到问题，父母会让子女及时和老师沟通。M01 认为，“当日事，当日毕。”“有问题要找老师当堂解决。由于是一对二的小班课，提问还是比较方便。”提问的过程看似简单，实则在考验学生定位问题并表达问题的能力。所以 M03 在孩子听课或者写作业被卡住的时候，都让他尽量自己去找老师，或者视频的时候打开麦克风，或者下课找助教老师。

父母也会指导子女认真对待在线学习中的作业并争取完成。M02 认为：

> 无论是线上还是线下的学习，作业都是学习中最重要的一环。我对网课最大的要求，就是希望他认真写好作业。孩子上的是英文阅读课，所以作业都是阅读书籍。对他来说，不是负担，反而是乐趣。但我要求他在阅读时，按照老师的要求把词句摘抄做好。

当然，父母认为，在线学习毕竟是学校学习的补充。所以给孩子的要求是尽量完成，而不是必须完成。F06 则抱怨网课资料虽然全，但实在内容太多。

一门功课就这么多，几门功课加起来根本做不完。所以索性，我就不让孩子做了。

另外，即使随着学习难度的加大，父母在知识层面的指导上力不从心，父母也会在学习方法和策略上指导孩子。M03 在每次上新课前时候，都让 S03 先把当天的网课预习一遍。

看看需要用到哪些过去的知识，这些知识到底掌握了没。如果已经忘了，或者记得不清楚，那就需要把旧知识再复习一遍。

新知识总是和旧知识有关系。得掌握好旧知识，才能学好新知识。

M04 也同样重视新旧知识之间的联系。用她的话讲："不注意旧知识的巩固，新知识就学稀疏了。"

总之，指导是分析中发现的一个父母参与维度。在跨案例进行分析并编码后，形成了指导的子维度，如表 2-6 所示。

表 2-6 指导的子维度分析

维度	子维度	材料来源	参考点
指导	让孩子按照老师的要求学习	4	6
	要孩子认真完成作业	3	5
	遇到不明白的问题,让孩子问老师	5	7
	做好新知识学习前的旧知识巩固	3	4
合　计		15	22

（三）量化分析：在线学习中父母参与的轮廓

根据个案微分析和跨案例分析的结果，本书对问卷进行了调整，且形成了正式问卷，参见附录一。其中，本书对父母参与的定义借鉴胡佛·登普西和桑德勒父母参与过程模型和现有相关实证研究（Black，2009；Liu et al.，2010；Waters，2012；Nayar，2021），将在线学习中的父母参与划分为鼓励、示范、强化和指导四个维度。鼓励指父母为支持学生参与在线学习，或学校相关活动而给予的明确情感支持，如支持学生的学习兴趣、学习策略等。示范指父母通过自己积极参与学习活动而影响学生，尤其是当学生认为父母有能力、有力量且容易接近时，父母的认知和行为便很可能以示范的方式影响学生的学业表现。强化指父母根据行为主义学习理论的强化理论，加强或保持学生的积极在线学习行为所采取的措施（Skinner，1989）。指导行为通常出现在父母与学生分享学习策略的过程中。这些关于学习技巧、任务和策略的讨论是父母更深度参与在线教学的行为表现。

在线学习中，父母参与的测量采用胡佛·登普西和桑德勒父母参与过程模型中第二层对应的量表（Hoover-Dempsey & Sandler，2005）。本书对其汉化并经质性研究和量化预研究的修订，最后形成的父母参与量表用来测量父母参与中的鼓励、示范、强化和指导。父母参与对应的父母参与量表，经过信度和效度检验后发现，信度和效度良好，具体参见附录四。

根据问卷回收到的 1271 份样本数据，本书对在线学习中的父母参与四个维度，从集中趋势（平均数、中位数、众数）、分散情形（标准差、方差、最大值、最小值、平均数的标准误）、分布（峰度、偏度），以及百分位数几个方面进行描述性统计（见表 2-7）。统计量上看，在线学习中的父母参与四个维度，偏度系数小于 0 呈负偏态，代表着分数多集中在高数值方面，即父母参与度较高。峰度大于

0，表示分数集中在众数 6 的附近。从平均数上看，在线学习中，父母参与的强化、指导、示范和鼓励水平依次降低。百分位数的结果显示了在线学习中的父母参与不同维度的比例，如约 50%的父母参与高于 5.451，鼓励水平高于 5.4615，示范水平高于 5.5，强化水平高于 5.6654，指导水平高于 5.4667。

描述性统计的结果表明，我国初中生在线学习中的父母参与水平确实较高。这与以往国外研究结果一致（Curtis，2013），也与疫情以来我国学者的调研相符（付卫东和谭杰文，2020）。

表 2-7　在线学习中父母参与总体及其各个维度水平的描述性统计

		父母参与	鼓励	示范	强化	指导
平均数		5.1845	5.1482	5.1670	5.2406	5.1792
中位数		5.4510	5.4615	5.5000	5.6154	5.4667
众　数		6.0000	6.0000	6.0000	6.0000	6.0000
标准差		0.97402	1.05883	1.07768	1.03260	0.99404
方　差		0.9490	1.1210	1.1610	1.0660	0.9880
最大值		1.0000	1.0000	1.0000	1.0000	1.0000
最小值		6.0000	6.0000	6.0000	6.0000	6.0000
平均数的标准误		0.03191	0.03468	0.03530	0.03382	0.03256
峰　度		3.9630	3.3470	3.6560	4.4610	4.1320
偏　度		-1.8740	-1.7800	-1.8500	-1.9880	-1.8740
百分位数	10	4.0000	3.9231	4.0000	4.0000	4.0000
	25	4.9608	4.8462	5.0000	5.0000	4.9333
	50	5.4510	5.4615	5.5000	5.6654	5.4667
	75	5.9608	6.0000	6.0000	6.0000	6.0000
	90	6.0000	6.0000	6.0000	6.0000	6.0000

四　父母参与差异化的影响因素

中国父母密集式的育儿方式，似乎已是不争的事实。但我们更关心的是，父母的参与是否存在差异，以及这些差异是由哪些因素导致的。以下，本书将从学校、家庭和学生三个方面进行比较分析。

（一）学校：父母参与合法化的基础

面授学习中，学校和教师对父母参与发挥了重大的影响力。吴重涵的回归分析显示，学校规模越大，家长参与程度越低。从家校合作政策来看，学校往往潜在排斥住校生家长的参与。学校的志愿者项目也不利于留守儿童的家长参与。这种选择性抑制的学校政策，极大地阻碍了家长参与的积极性。教师则对各个状况的家长参与意愿和参与行为都有重要影响（吴重涵等，2017）。李东林和项梦婕的研究认为，相比于家庭社会经济地位，学校和教师对家长参与的影响力更强，并覆盖至各种行为类型和层次，特别是当需要教学辅助类或者学校管理类家长参与时，学校的作用便体现得更为突出（李东林和项梦婕，2020）。

类似于面授学习中的发现，在线学习中的学校对父母参与的影响也体现为学校和教师两个层面。

本书的研究采用单因素方差分析，利用 1271 份样本数据，对在线学习中，不同学校特征的父母参与水平进行差异分析，结果见表 2-8。在线学习中，不同学校管理方式下的父母参与总体及其四个维度，在 0.001 水平上具有显著差异。在线学习作为一种新型的学习方式，更需要加强家校合作，提高配合效率（Waters et al.，2014）。当父母拥有参与学校（或机构）重大决策的机会，包括规章制度的建立，并得到来自校方的充分尊重，能灵活安排参与学校活动时间，在各类活动中被征求意见的程度最高时，会有更高的总体及鼓励、示范、强化和指导四个维度的参与水平（见图 2-4）。除此之外，有研究认为，学校制定明确的政策和对父母设定清晰的期许，有助于加快在线学习方式下的双方适应速度（Waters et al.，2014）。作为新的学习方式，学校若没有清晰的指导，在线学习中的父母便无从下手。通过网络进行的沟通，也会造成教师和父母的信息交流不畅。可见，学校作为学习活动的组织者和管理者，若充分尊重父母的意见，就会令其从边缘性参与转为合法性参与，并提高其参与质量。

表 2-8　在线学习中不同学校特征的父母参与水平差异比较

	检验方法	父母参与	鼓励	示范	强化	指导
学校管理方式	F	16.482***	12.723***	15.405***	14.202***	14.331***
教师行为方式	F	20.851***	18.450***	17.747***	16.873***	18.198***

注：* $p<0.05$，** $p<0.01$，*** $p<0.001$。

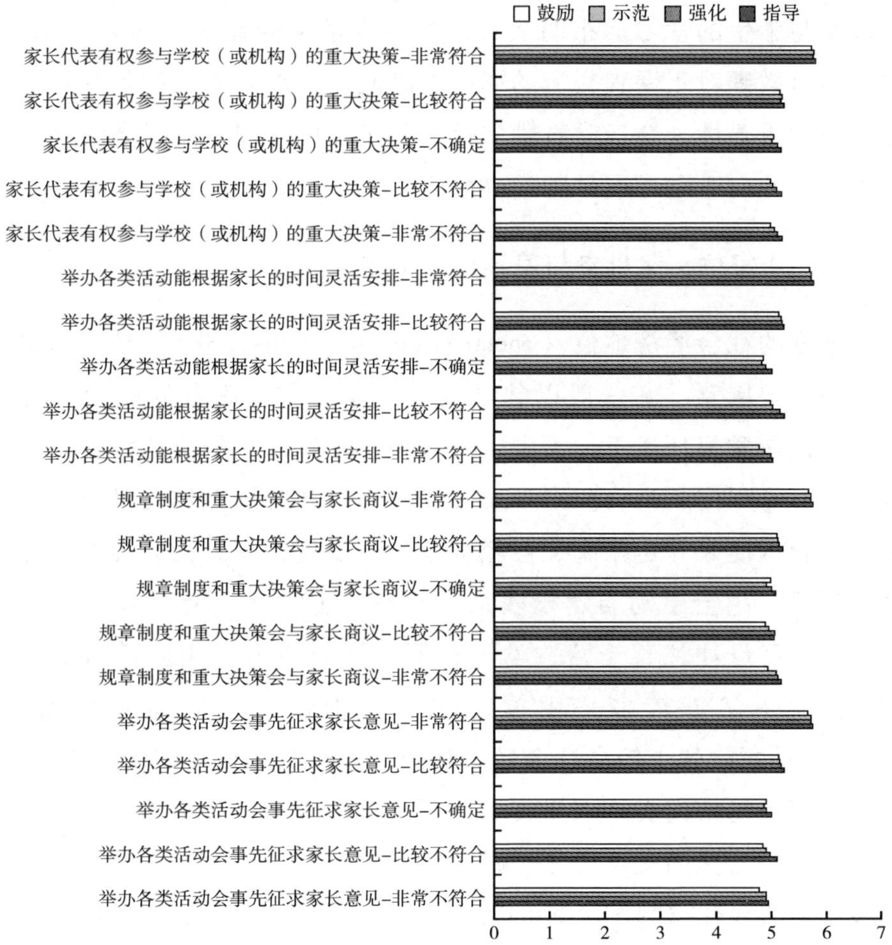

图 2-4　在线学习中不同学校管理方式下的父母参与比较

在线学习中，学校特征中的不同教师行为方式下的父母参与总体及其四个维度，在0.001水平上具有显著差异。从图2-5可以看出，教师与父母沟通越主动，越尊重父母参与学校活动并与之讨论教学安排，父母参与总体及四个维度上的水平就越高。此结果回应了布朗（Brown）的观点。布朗在通过研究182位在线学习中的教师后发现，在线授课年限和教授的科目显著影响了教师对于父母参与的认识（Brown，2017）。授课不足一年的教师对父母参与的重要性认识显著低于具有一年及以上经验的教师。STEM类科目的教师更少主动邀请父母参与学生的学习。布朗认为，父母对学生的在线课程并不熟悉，也不知道教师对于课程交流的期望。因此，授课年限长的教师知道父母参与的重要性，会经常鼓励父母参与子女的学习，来提高父母的响应能力，并促进父母同教师的有效配合。

（二）家庭：父母参与差异化的根本

家庭的社会经济地位（Social Economic Status，SES）是影响父母参与的重要因素。它一般以父母收入、职业和受教育程度为客观指标。在面授学习环境下，不少研究认为，家庭社会经济地位越高的父母，其参与程度越高（Choi et al.，2015）。叶月婵在用父母职业类型和受教育程度来界定家庭社会经济地位时发现，家庭社会经济地位越高的父母，越会主动与学校联系，并与学生沟通（叶月婵，2010）。高学历的父母往往善于营造学习氛围，帮助学生形成良好的学习习惯。低学历父母较多采用单向的指令干预（于冰洁和余锦汉，2020）。总之，处于较高社会经济地位的父母能借助其优势，在家庭和学校两个场域内实现双重覆盖，并在参与学校活动中掌握主动权。处于较弱势状况的父母的参与则多集中在家庭内部。其参与多表现为消极性和边缘化（姚岩，2019）。在线学习中，关于家庭背景对父母参与的国内外研究比较少。靳小玲和王晓宇在调查我国疫情以来中小

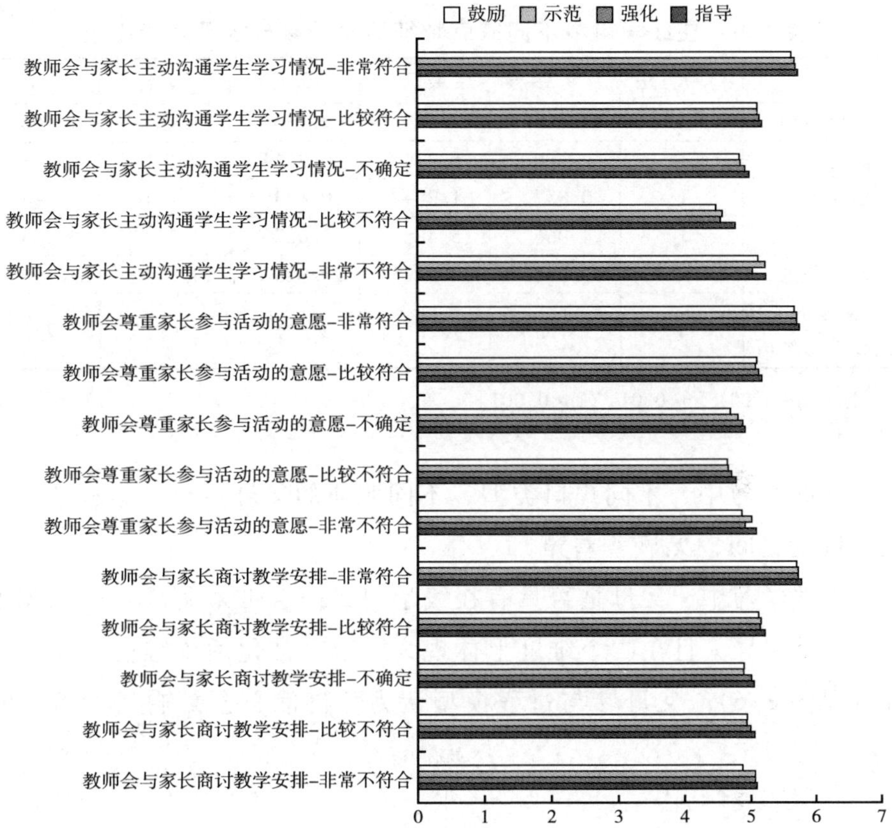

图 2–5 在线学习中不同教师行为方式下的父母参与比较

学在线学习中的父母参与时发现，具有不同学历的父母，在参与态度和行为上具有显著差异。研究发现拥有本科学历的父母在参与态度方面最为积极，参与行为方面频率也最高（靳小玲和王晓宇，2020）。

为探究家庭是否带来初中生在线学习中的父母参与之间的显著差异，本书采用均值比较法的独立样本 T 检验和单因素方差分析，以户口类型、家庭收入、职业类型、受教育程度、亲子关系、父母的在线学习经历为家庭特征，对 1271 份样本数据在线学习中不同家庭特征的父母参与水平差异进行比较，结果见表 2–9。

表 2-9　在线学习中不同家庭特征的父母参与水平差异比较

	检验方法	父母参与	鼓励	示范	强化	指导
户口类型	T	1.514	1.642	1.156	1.154	1.566
家庭收入	F	9.100***	5.329**	9.257***	9.131***	8.728***
职业类型	F	0.857	1.204	0.833	1.133	0.448
受教育程度	F	4.966***	5.466***	5.027***	4.534***	3.383***
亲子关系	F	35.501***	30.222***	28.928***	29.850***	31.799***
父母的在线学习经历	T	2.165*	1.793	2.521*	2.012*	1.745

注：* $p<0.05$，** $p<0.01$，*** $p<0.001$。

在线学习中，不同户口类型、不同职业的父母参与总体水平及其四个维度之间，无显著差异。

在线学习中，父母是否具有在线学习经历会带来父母参与总体水平的显著差异，且在四个维度上体现为示范和强化两个维度的显著差异（见图 2-6）。父母参与过程模型认为，自信心会影响父母参与的

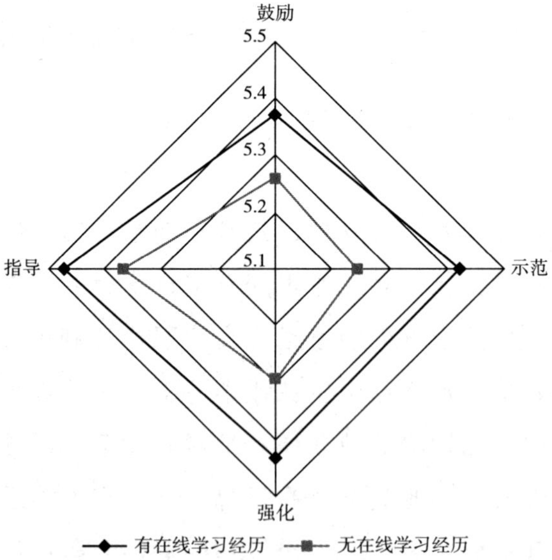

图 2-6　不同在线学习经历下的父母参与比较

角色构建，并影响父母的参与行为（Hoover-Dempsey & Sandler, 2005）。有在线学习经历的父母，对于参与学生的学习更具信心。这些父母更熟悉在线学习的流程及潜在困难，也因此更能提供示范供学生模仿，或者对学生进行有针对性的强化。

在线学习中，家庭收入不同的父母，其参与总体和四个维度在0.001水平上具有显著差异。如图2-7显示，父母参与在四个维度上的参与水平随收入增加而逐渐提高。家庭收入5000元以下的父母在四个维度上的参与水平均远低于其他父母的参与水平。而其他收入家庭之间的父母参与水平较为接近。

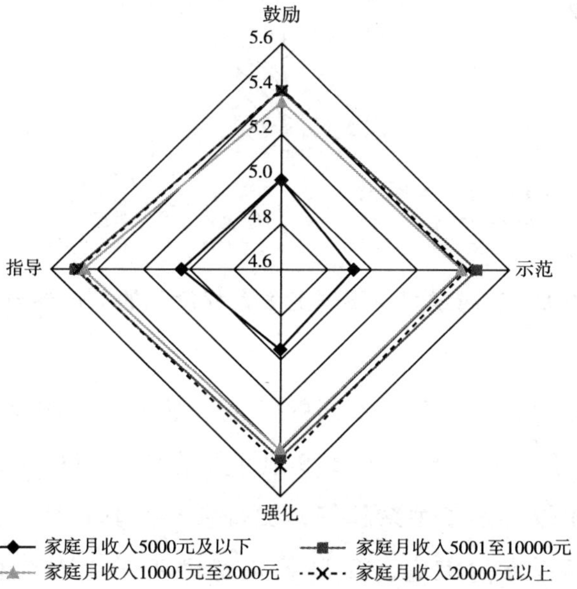

图2-7 在线学习中不同家庭月收入下的父母参与比较

在线学习中，受教育程度不同的父母参与总体和四个维度在0.001水平上具有显著差异。图2-8显示，在线学习中不同受教育程度下的父母参与比较。父母受教育水平越高，四个维度的参与水平也越高，小学及以下受教育程度的父母，给予学生的鼓励明显低于其他父母。这与面授学习研究中发现的，高学历父母更善于鼓励和支持学生的结论一致（于冰洁和余锦汉，2020）。

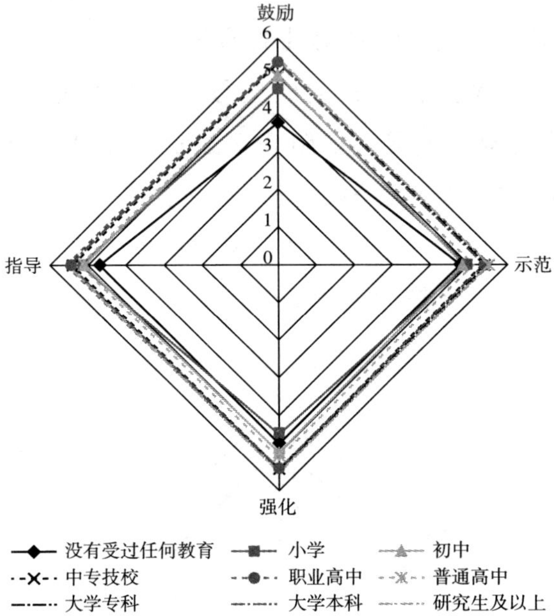

图 2-8　在线学习中不同受教育程度下的父母参与比较

在线学习中，亲子关系不同的父母，其参与总体及其四个维度在 0.001 水平上有显著差异。图 2-9 显示了在线学习中不同亲子关系下的父母参与比较。亲子关系越好，父母参与及其在四个维度的水平越高。亲子关系良好的家庭，父母更乐意倾听学生对学校、老师、朋友、心情和心事的看法。这些良性的沟通，使得父母能够随时了解学生的学习状态和思想动向，并选择最合适的时机和最适宜的方法介入子女的线上学习。

（三）学生：父母参与的反作用

学生特征是影响在线学习中父母参与的主要因素。学生的年级会

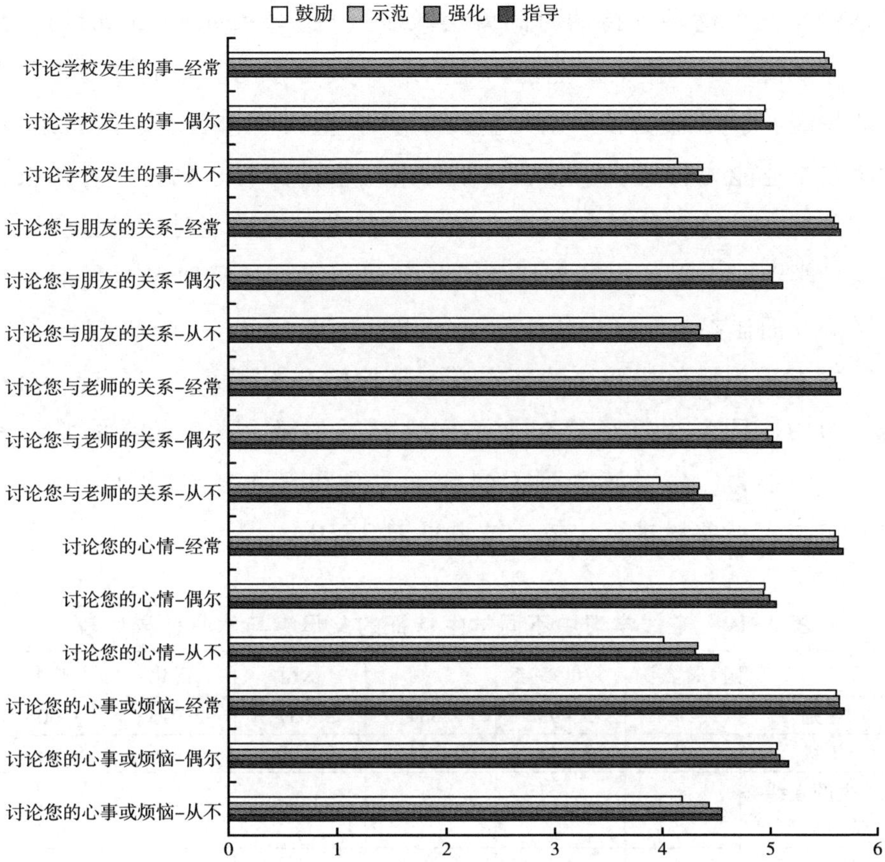

图 2-9 在线学习中不同亲子关系下的父母参与比较

带来父母参与频度、行为、时长方面的差异。随年级的升高，在线学习中的父母参与行为频率逐步降低（靳小玲和王晓宇，2020）。王晶莹和杨伊访谈了疫情以来在线学习的中小学父母，发现不同年龄阶段的学生，其父母具有不同的参与行为特征（王晶莹和杨伊，2020）。小学生的父母角色是监督者、监工、互动者和助教。父母大都需要直接参与学生的学习活动。中学生的父母更多是生活保障者，较少直接参与学业。李（Lee）和菲格罗阿（Figueroa）的研究表明，小学生的在线学习，父母需要每天花 3~5 小时提供支持。随着学生年龄的增长，独立性的增强，这种支持的时间就会减少（Lee & Figueroa，2012）。另外，除年龄外，学生的学业能力也会影响父母参与。学业能力由包含学业技能、学习态度和一系列直接影响学业成绩和表现的因素组成。学生在学业能力较弱、学业表现不佳时，会向父母求助，或者学校会通知父母，以提高父母参与度。当学业表现有所进步时，父母会减少参与。学业能力强、成绩较好的学生父母，不会太受到学生暂时成绩的影响，而让参与频度大幅波动（Phillipson & Phillipson，2012）。

本书采用均值比较法的独立样本 T 检验和单因素方差分析，对在线学习中不同学生特征（包括不同性别、年级、学生的在线学习经历、学习能力，以及感受到不同亲子关系和育儿参与度的学生）的父母参与水平差异进行比较，结果见表 2-10。

表 2-10　在线学习中不同学生特征的父母参与水平差异比较

	检验方法	父母参与	鼓励	示范	强化	指导
性别	T	2.993**	1.684	3.057**	2.913**	3.606***
年级	F	0.292	0.231	0.107	0.456	0.639
学生的在线学习经历	T	2.458*	2.401*	2.374*	2.185*	2.443*
学习能力	F	11.388***	11.222***	9.055***	10.407***	10.198***
感受到的亲子关系	F	49.674***	40.486***	43.914***	46.054***	37.838***
感受到的育儿参与度	F	25.927***	20.530***	25.074***	21.908***	22.826***

注：* $p<0.05$，** $p<0.01$，*** $p<0.001$。

靳小玲和王晓宇对中小学生疫情期间的父母参与研究认为：小学、初中和高中三个学段之间，父母参与在态度、情感和行为上具有显著差异（靳小玲和王晓宇，2020）。本书则进一步发现，初中阶段的不同年级内，父母参与总体和其四个维度上的水平无显著差异。

在线学习中，不同性别学生的父母参与总体水平在 0.01 水平上具有显著差异。在鼓励维度方面，不同性别的学生，其父母参与没有显著差异。在示范、强化和指导维度方面，不同性别的学生，其父母参与均有显著差异。在面授学习里，也有研究发现父母参与和中学生群体学生的性别有关系（孙雨萌，2019；徐敏，2020）。但与面授研究中所认为的父母对女生有更高的教育期望（周菲和程天君，2016）、具有更高参与水平的结论不同，本书发现，父母给予了男生更多参与，如示范、强化和指导，见图 2-10。由于在线学习是一种对自控能力要求更高的学习方式，女生容易顺从父母或学校的安排，拥有良好的自控力和坚持性，男生则普遍存在一种反智文化（Anti-Intellectual Culture），对学习可能更消极（周菲和程天君，2016）。男生更容易精力分散并沉溺于网络，从而导致学业危机。可见，在线学习中，男生面临更大的学习风险性，因此会得到父母更多的参与。

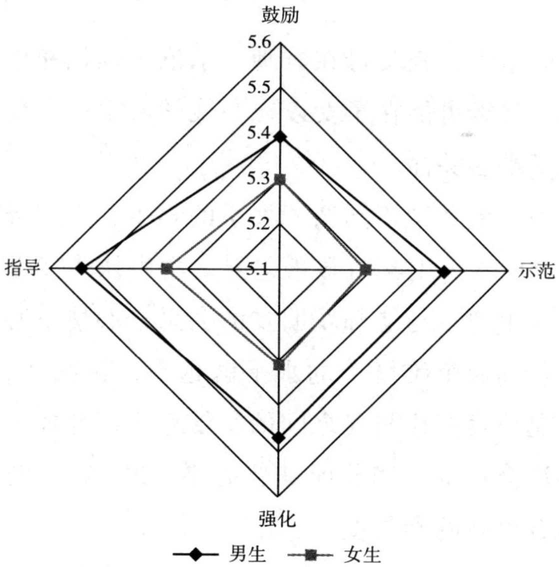

图 2-10　在线学习中不同性别学生下的父母参与比较

在线学习中，有或无在线学习经历的学生，其父母的参与总体及其四个维度，在 0.05 水平上具有显著差异。从图 2-11 可以看出，有

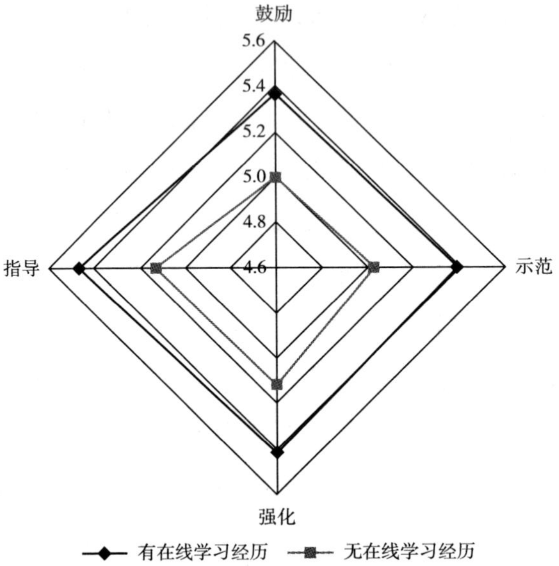

图 2-11　不同在线学习经历学生的父母参与比较

在线学习经验的学生，其父母在鼓励、示范、强化和指导上的参与水平较高。因此，父母可能在子女以往在线学习中认识到了参与的重要性，从而给予了更多关注。

在线学习中，感受到不同亲子关系的学生，其父母参与水平及其四个维度在 0.001 水平上具有显著差异。学生认为父母与之越频繁地讨论学校发生的事情，与老师及朋友的关系，心情、心事或烦恼，其父母参与总体及其四个维度上的水平就越高，见图 2-12。这些讨论能让亲子关系充分发挥代与代之间的纽带作用，并成为鼓励学生更努力学习的重要社会资本（李佳丽和薛海平，2019），也会让父母增强参与信心并具有更高的参与度。

在线学习中，学习能力不同的学生其父母参与总体及其四个维度在 0.001 水平上具有显著差异。从图 2-13 可以看出，学习能力越强的学生，父母参与水平越高。学习能力较差的学生，其父母给予的鼓励、强化、示范均显著低于其他学生父母。而以往研究认为，学生学

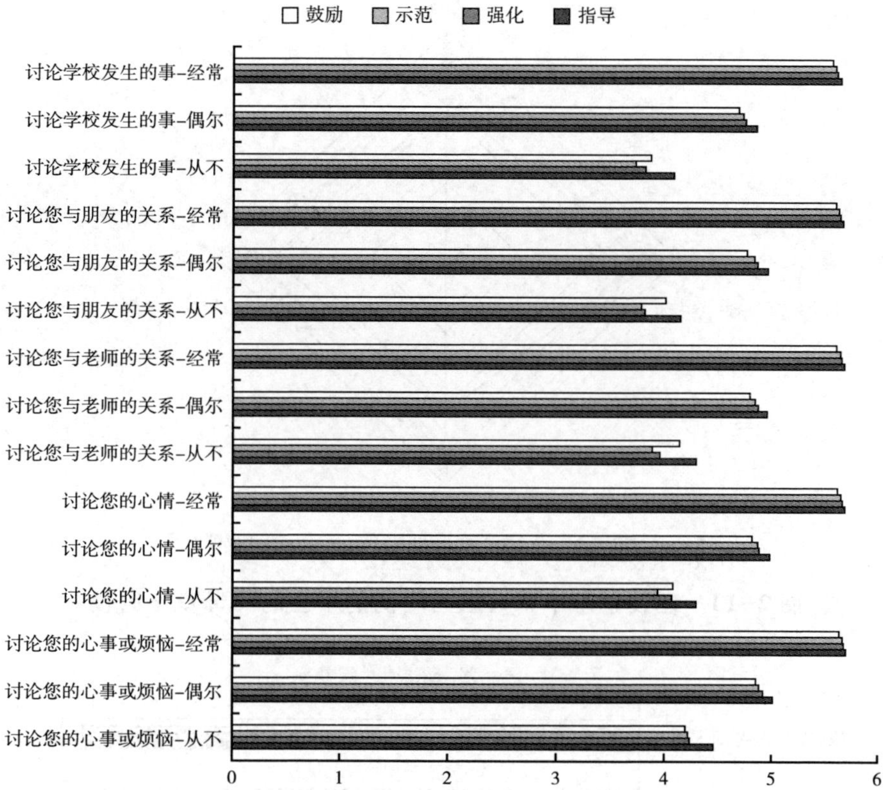

图 2-12　在线学习中感受到不同亲子关系的学生的父母参与比较

习能力越强，父母参与水平越低（Phillipson & Phillipson，2012）。造成这种差异的主要原因在于父母参与的测量方式。以往研究更多测量父母参与的行为，而非心理。因此，正是父母给予了学生较多的鼓励、示范等，才让学生有了较好的学习能力，从而将这个正向反馈带给了父母。而学习能力较差的学生，也由于接受较多的批评而导致学习成绩欠佳，从而产生恶性循环。

在线学习中，感受到不同育儿参与度的学生，其父母参与水平及四个维度在 0.001 水平上具有显著差异。能感受到父母较高参与度的学生，其父母对学生的鼓励、示范、强化和指导也就越多，见图 2-14。

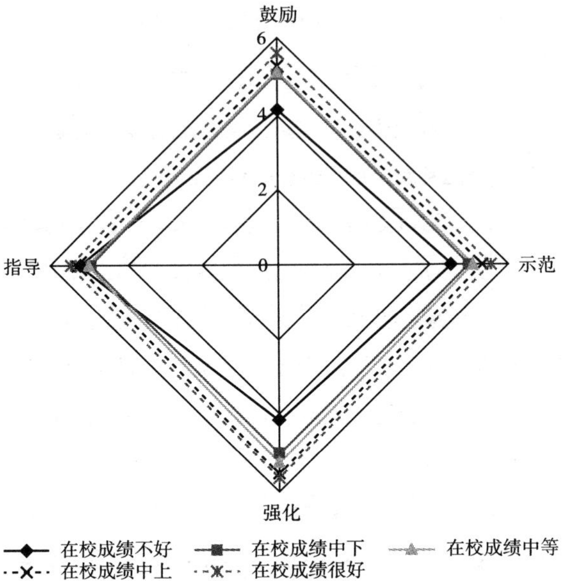

图 2-13　在线学习中学习能力不同的学生的父母参与比较

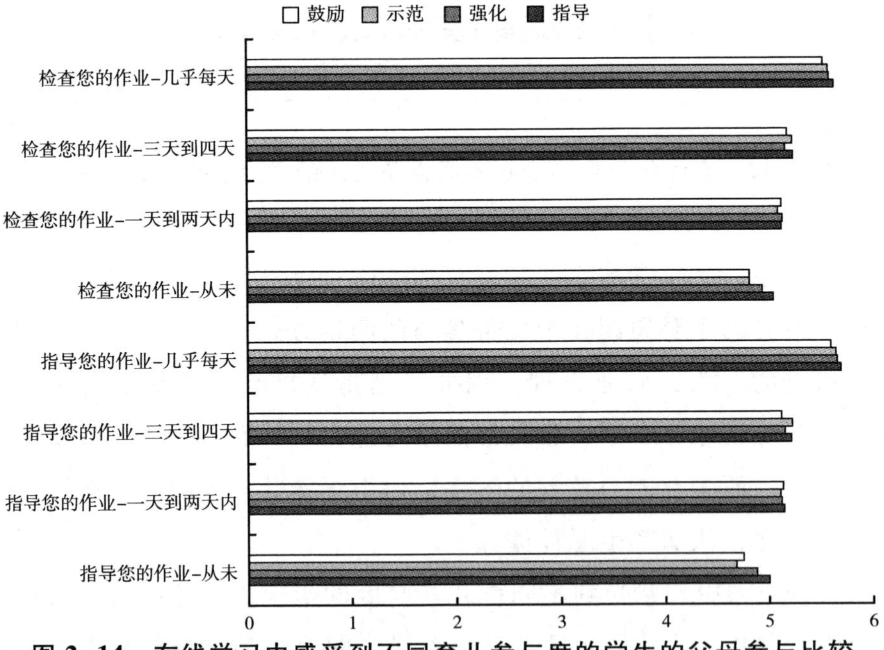

图 2-14　在线学习中感受到不同育儿参与度的学生的父母参与比较

五　父母参与的多元回归分析

为找到学校、家庭和学生特征中影响在线学习中的父母参与总体及其四个维度水平的关键因素，本书建立多元回归模型如下。

$$P_{1i} = \beta_0 + \beta_1 H_i + \beta_2 S_i + \beta_3 C_i + \varepsilon_{1i} \qquad (1)$$

其中，P_{1i}代表样本中第 i 个学生的父母参与总得分，为因变量。它包含鼓励、示范、强化和指导四个维度。S_i、H_i和 C_i分别代表学校特征、家庭特征和学生特征。

S_i代表学校特征，为自变量。学校特征包括学校管理方式和教师行为方式。

H_i代表家庭特征，为自变量。家庭特征包括户口类型（1=城市户口，0=农村户口）、家庭月收入[①]（以低收入为参照，有中等收入和高收入 2 个虚拟变量）、职业类型（1=非管理技术类[②]，0=管理技术类）（周丽萍和岳昌君，2019）、受教育程度（以大专及以下为对照组，有大学本科、研究生及以上，共 2 个虚拟变量）、亲子关系、父母在线学习经历（1=是，0=否）。

C_i代表学生特征，为自变量。学生特征包括学生性别（1=男，0=女）、年级（初一为参照，有初二、初三共 2 个虚拟变量）、在线学习经历（1=是，0=否）、学习能力[③]（学习能力中下为参照，有学习能力中等和学习能力中上 2 个虚拟变量）、感受到的亲子关系、

① 家庭月收入<5000 为低收入；5000≤家庭月收入<20000 为中等收入；家庭月收入≥20000 为高收入。

② 非管理技术类职业包括无业、失业、下岗、农民、个体户、商业与服务业一般职工、生产与制造业一般职工。

③ 学习能力中下包括成绩中等和成绩不好；学习能力中等包括学习成绩中等；学习能力中上包括成绩中上和成绩很好。

感受到的育儿参与度。

β_0是常数项，ε_{1i}是误差项，β_1、β_2和β_3是回归系数。

本书使用 Statistics SPSS 23.0 软件，采用普通最小二乘法回归分析（Ordinary Least Square，OLS），来探讨在线学习中，家庭、学校和学生特征对父母参与的影响。然后，将（1）中的父母参与替换为鼓励、示范、强化和指导四个维度，分别将父母参与四个维度总分带入回归模型，来考察家庭特征、学校特征和学生特征对父母参与四个维度的影响。

由于本书关注的是自变量对因变量的解释性，因此采用进入法，纳入所有变量进入分析模型。得到的标准误差比较小，表明抽样可信度高。整理标准化回归系数β、调整后的拟合优度 R^2的汇总结果见表2-11。β的绝对值越大，代表自变量对因变量的影响就越大。R^2表示自变量对因变量的解释率，其值越大，解释率越高。其中标准化系数β已经去除单位的影响，因此可以作为衡量变量解释力的依据。在多元线性回归中，变量之间不能有多重共线性关系，即自变量之间没有高度关系。容忍度（Tolerance）和方差膨胀系数（VIF）可用于多重共线性的检验。容忍度越接近 0，表示自变量之间多重共线性越强；方差膨胀系数大于 10，表示变量之间有多重共线性。本书中的回归模型容忍度为 0.266~0.971，方差膨胀系数为 1.030~3.764，说明自变量之间没有共线性。

表 2-11　在线学习中父母参与影响因素的多元回归分析

		父母参与	鼓励	示范	强化	指导
家庭特征	城市户口	-0.001 (1.440)	0.007 (0.437)	-0.010 (0.430)	-0.011 (0.333)	0.006 (0.401)
	家庭中等收入	0.120** (1.438)	0.063 (0.437)	0.137** (0.430)	0.122** (0.333)	0.130** (0.400)
	家庭高收入	0.078 (1.591)	0.026 (0.483)	0.084 (0.475)	0.099* (0.368)	0.089* (0.443)

续表

		父母参与	鼓励	示范	强化	指导
家庭特征	大专	0.033 (1.307)	0.025 (0.397)	0.051 (0.390)	0.024 (0.302)	0.022 (0.364)
	本科	0.055 (1.156)	0.066 (0.351)	0.048 (0.345)	0.044 (0.267)	0.043 (0.322)
	研究生及以上	0.068* (1.452)	0.080* (0.441)	0.073* (0.434)	0.057 (0.336)	0.038 (0.404)
	管理技术类	-0.030 (0.868)	-0.033 (0.264)	-0.027 (0.259)	-0.020 (0.201)	-0.031 (0.242)
	父母有在线学习经历	-0.008 (0.925)	-0.019 (0.281)	0.010 (0.276)	-0.006 (0.214)	-0.015 (0.257)
	亲子关系	0.114*** (0.223)	0.129*** (0.068)	0.079* (0.067)	0.096** (0.052)	0.119*** (0.062)
学校特征	教师行为方式	0.147*** (0.235)	0.148*** (0.071)	0.099* (0.070)	0.150*** (0.054)	0.156*** (0.065)
	学校管理方式	0.099** (0.170)	0.088* (0.052)	0.131** (0.051)	0.072 (0.039)	0.072 (0.047)
学生特征	男生	0.039 (0.782)	0.006 (0.237)	0.040 (0.233)	0.041 (0.181)	0.061* (0.218)
	初二	0.008 (0.858)	0.007 (0.261)	0.014 (0.256)	-0.001 (0.198)	0.007 (0.239)
	初三	0.027 (1.128)	0.024 (0.343)	0.034 (0.337)	0.035 (0.261)	0.009 (0.314)
	学生有在线学习经历	0.034 (1.787)	0.039 (0.543)	0.031 (0.534)	0.019 (0.413)	0.034 (0.497)
	学习能力中等	-0.037 (2.212)	-0.051 (0.672)	-0.035 (0.661)	0.006 (0.511)	-0.049 (0.616)
	学习能力中上	0.023 (1.995)	0.007 (0.606)	0.024 (0.596)	0.053 (0.461)	0.009 (0.555)
	感受到的亲子关系	0.350*** (0.226)	0.311*** (0.069)	0.342*** (0.067)	0.355*** (0.052)	0.299*** (0.063)
	感受到的育儿参与度	0.060* (0.225)	0.048 (0.068)	0.073** (0.067)	0.042 (0.052)	0.057* (0.063)
F		37.872***	29.982***	32.686***	31.935***	28.985***
调整后的 R^2		0.356	0.302	0.322	0.316	0.295
样本量		1271	1271	1271	1271	1271

注：( ) 内为标准误；* $p<0.05$，** $p<0.01$，*** $p<0.001$。

根据表 2-11，初中生在线学习中，家庭、学校和学生特征对父母参与总体及其四个维度的具体影响如下。

1. 父母参与

家庭中等收入、研究生及以上、亲子关系、教师行为方式、学校管理方式、感受到的亲子关系、感受到的育儿参与度对父母参与有显著正向影响。其中，学生感受到的亲子关系影响力最大，β 为 0.350。调整后的 R^2 达到 0.356，表明模型具有一定的解释力。

（1）从家庭特征来看，研究生及以上学历、家庭中等收入和亲子关系对父母参与具有显著正向影响，且家庭中等收入的影响力最强。面授环境下的研究认为，家庭社会经济地位对父母参与具有显著正向影响（Choi et al.，2015）。本书进一步发现，研究生及以上学历对父母参与有显著正向影响，说明高学历的父母更容易适应新的学习方式，并给予学生更多支持。在线学习是对自主学习要求较高的学习方式。高学历的父母拥有良好的自学能力和自律性，能够为学生提供较好的示范和指导。他们也具有开明的教育理念，乐于鼓励和激发学生。家庭中等收入对父母参与的显著正向影响最大。中等收入者被认为是教育焦虑最高的群体。在竞争日益激烈的今天，中等收入者有着稳定的收入和体面的工作，但同时他们也怀有对未来的不确定性和地位下降的焦虑。教育是中等收入者保持或者向上流动的重要途径，因此，中等收入者最重视教育（刘俊利，2019）。也正是出于这个原因，中等收入者对初中生在线学习表现出了更高的参与程度。亲子关系对父母参与显著正向影响。本书中父母汇报的亲子关系，体现了父母对于学生的社会关系以及学生心情的关注。与学生注意保持较好亲子关系的父母，愿意同学生沟通交流，也会较多从鼓励、示范、强化和指导的方面参与学生的学习。

（2）从学校特征来看，教师行为方式和学校管理方式都对父母参与具有显著正向影响，且教师行为方式的影响力较强。本书结果验证了父母参与过程模型中，学校和教师的邀请是影响父母参与重要因素的部分（Hoover-Dempsey & Sandler，2005）。此结论也支持了面授学习下，父母参与受到学校和教师影响的观点（吴重涵等，2017）。不同的是，在线学习中，教师行为方式对父母参与的影响更为显著。原因在于，在线学习中，父母重要的角色变化是需要成为子女的“学习教练”，深度参与学生的学习活动。但技能的缺乏往往会令父母降低参与（Waters，2012；Curtis，2013）。如若得到教师的鼓励和指导，则能增强父母参与的信心和技能，从而提高参与程度。

（3）从学生特征来看，学生感受到的亲子关系和育儿参与度，对父母参与有正向显著影响。其中，感受到的亲子关系的影响力较强。本书中的亲子关系分别从父母和学生两个方面进行的测量。虽然，父母汇报的亲子关系也显著正向影响父母参与，但不及学生感受到的亲子关系所带来的影响力大。亲子关系作为一种社会交往关系，可以促进父母与学生社会化和激发个体潜能（李燕，2005），并具有双向互动性。良好的亲子关系，不仅能促进学生的人格健康发展，也对父母的社会化过程起着重要作用。学生感受到的来自父母的关心越多，就越容易建立对父母的信任，从而增强父母参与的信心，提高父母参与水平。此结论，也支持了父母参与过程模型所认为的，学生只有感受到父母参与后，才能转为内在动力，提高学业成就的观点。

2. 父母参与的四个维度

（1）鼓励。研究生及以上、亲子关系、教师行为方式、学校管理方式、感受到的亲子关系对鼓励维度具有显著正向影响。其中，感受到的亲子关系对鼓励维度的影响力较强，β 为 0.311。调整后的 R^2 达到 0.302，表明模型具有一定的解释力。从家庭特征来看，亲子关系对鼓励维度的影响力较强。父母受教育程度中研究生及以上对鼓励维度具有显著正向影响。从学校特征来看，教师行为方式和学校管理方式对鼓励维度具有显著正向影响。其中，教师行为方式的影响力更大。从学生特征来看，只有感受到的亲子关系对鼓励维度具有显著正向影响。

（2）示范。家庭中等收入、研究生及以上、亲子关系、教师行为方式、学校管理方式、感受到的亲子关系、感受到的育儿参与度对示范维度具有显著正向影响。其中感受到的亲子关系对示范维度的影响力较强，β 为 0.342。调整后的 R^2 达到 0.322，表明模型具有一定的解释力。从家庭特征来看，家庭中等收入、研究生及以上和亲子关系对示范维度具有显著正向影响。家庭收入中的中等收入，对示范维度的影响力最强。从学校特征来看，教师行为方式和学校管理方式对示范维度具有显著正向影响。相比于学校管理方式，教师行为方式的影响力更大、解释力更强。从学生特征来看，感受到的亲子关系和育儿参与度，对示范维度具有显著正向影响，其中感受到的亲子关系影响力更强。

（3）强化。家庭中等收入、家庭高收入、亲子关系、教师行为方式、感受到的亲子关系对强化维度，具有显著正向影响。其中感受到的亲子关系影响力最强，β 为 0.355。调整后的 R^2 达到 0.316，表明模型具有一定的解释力。从家庭特征来看，家庭中等收入、家庭高收入和亲子关系对强化维度有显著正向影响。其中，家庭中等收入的影响力最强。从学校特征来看，教师行为方式对强化维度有显著正向影响。从学生特征来看，感受到的亲子关系对强化维度有显著正向影响。

（4）指导。家庭中等收入、家庭高收入、亲子关系、教师行为方式、男生、感受到的亲子关系、感受到的育儿参与度对指导维度，具有显著正向影响。其中感受到的亲子关系影响力最强，β 为 0.299。调整后的 R^2 达到 0.295，表明模型具有一定的解释力。从家庭特征来看，家庭中等收入、家庭高收入和亲子关系对指导维度有显著正向影响。其中，家庭中等收入的影响力最强。从学校特征来看，教师行为方式对指导维度有显著正向影响。从学生特征来看，男生感受到的亲子关系、感受到的育儿参与度对指导维度有显著正向影响。其中，感受到的亲子关系的影响力最大。

在在线学习的父母参与及其四个维度的影响因素分析中，学生感受到的亲子关系影响力均最强。这表明亲子关系，尤其是学生感受到亲子关系，对于促进父母的鼓励、示范、强化和指导具有重要的显著正向影响。

六　小结

本章通过对以往父母参与研究的回顾以及主要理论的分析，强调了父母参与对于线上学习的重要作用。同时，得出以下分析结果。

（1）在我国初中生在线学习中，父母参与具有父母参与原量表中的鼓励、示范、强化和指导四个维度，并主要受到亲子关系的影响。

访谈中，父母都会在意亲子关系。从共生走向独立的学生，其生理和心理会经历诸多变化。学生通过掌握各种技能，拥有自己的态度和观点，然后形成自主能力（李晓文，2001）。子女对父母，在共生过程中建立的人际依恋，被心理学认为是助其走向独立的桥梁。初中生从心理上开始脱离父母，正处于走向独立的孵化期。多数父母反馈，他们不愿意听父母唠叨，比较有自己的想法，有时候软硬不吃。和谐的亲子关系是帮学生顺利实现独立的润滑剂。就像 M01 表达对 S01 的赞许和骄傲，S01 言语中也常常流露出对母亲的理解和疼惜。这种良好的亲子关系，有助于学生内化父母给予的各种准则和信念。好的亲子之间往往具有温暖的相互交流关系。

对于在线学习，父母都认为“学习是孩子自己的事儿”，父母从知识层面能够给予的帮助已经越来越少，所以希望学生能将自己的学习安排妥当。同时，父母也认为初中生仍然需要监督。除了反例 F06 觉得儿子个性过强，从小就不喜欢父母干涉自己外，其他被访父母都保持了较高的参与度。这些参与全面反映在父母参与量表中的鼓励、示范、强化和指导四个维度。

鼓励，体现在父母对子女自信心、自律性和百折不挠等良好品质的显性激励。鼓励是访谈中被父母最多提及的参与方式。鼓励的子维度分析包含“尝试多种解决办法”“相信自己”“遇到困难不能放弃”“向老师或同学咨询来解决问题”四个子维度。这说明父母主要通过增强子女克服障碍的信心和勇气来践行鼓励。同时，父母也强调解决问题的主体始终是学生自身。

示范，体现在父母无意识地“身教”，如学习习惯和处世原则。示范的子维度包含“好学”、“享受解决问题的过程”、“不轻易放弃”和“想各种办法去解决”四个子维度。当然，大多数父母表示，他们并非刻意在学生面前表现出自己的好学或是百折不挠的品质，而更多是生活状态的自然流露。父母希望，这些示范能够为子女带来润物细无声的潜移默化的影响。

强化，体现在父母对子女有目的性明确的奖励和表扬，以让学生不断重复他们所期望的行为。强化的子维度包含“渴望学习新知识”“正确的学习态度”“自我规划学习”“和老师沟通”四个子维度。父母坦言，在子女的小学阶段会有更多强化行为，随着学生慢慢长大，到了初中趋向独立时，就不太经常使用强化。

指导，体现为父母深度参与学生学习的行为。指导的子维度包含“让孩子按照老师的要求学习”“要孩子认真完成作业”“遇到不明白的问题，让孩子问老师”“做好新知识学习前的旧知识巩固”四个子维度。指导方面，父母均避开了知识层面的过多介入，而是注重学生的学习态度、方法和寻求社会性帮助的能力培养。

本书通过访谈分析发现，父母采用强化和指导两种方式时，担心会引起亲子冲突。事实上，个体成长中，由于能力所限，往往需要从身边的重要人物那里获得强化和指导。奥苏贝尔（Ausubel）称这种现象为卫星化过程。青春期则进入脱卫星化，即学生走向成熟并发展自主性（李晓文，2001）。外部的强化，不可否认地会抑制逐步成熟的初中生的自主性，从而可能“引爆”亲子冲突。如果实施外部强化的目的不是学生的服从和听话而是学生自主学习能力的培养，那么父母的外部强化和学生的内部自主性就能够达到和谐统一。在学生发挥自主性进行自主学习时，自我监控是很难实现的，学生需要成年人的指导。当这些指导难度适中，就容易被学生内化，并产生自主性动机（李晓文，2001）。指导的价值就在于促进学生自主性动机的形成。

（2）以学校、家庭和学生为影响因素，初中生在线学习中，父母参与总体及其四个维度上的水平具有显著差异。

此结论回应了利特克关于在线学习中的父母参与之间具有较大差异的观点（Litke，1998）。其中，学校特征中，不同学校管理方式和教师行为方式下的父母，其参与总体和其四个维度具有显著差异。学校管理方式越开放，教师行为方式越积极，父母参与水平越高。家庭特征中的家庭收入、父母受教育程度和亲子关系的不同，带来了父母参与总体及其四个维度上的显著差异。家庭收入和父母受教育程度越高，父母参与总体及四个维度的水平也越高。贝克（Beck）在调研中学生线上学习时，发现家庭的社会经济地位、性别、种族等因素，未对父母参与产生影响（Beck et al.，2013）。在他看来，在线学习是父母自主选择的结果，过去面授学习中的影响因素，在线上学习中未必发生作用。不同于贝克的发现，本章的分析结果表明，我国初中生在线学习中，不同家庭特征、学校特征和学生特征下的父母参与之间存在显著差异。与面授学习下的研究结果一样，父母参与会随家庭收入和父母受教育程度升高而提高（叶月婵，2010；Choi et al.，2015）。家庭特征中，亲子关系不同的父母，其参与总体及其四个维度之间具有显著差异。亲子关系越好，父母参与程度越高。父母是否具有在线学习经历，带来了父母参与总体以及示范、强化维度上的显著差异。学生特征上，感受到不同亲子关系和育儿参与度的学生，不同在线学习经历和学习能力的学生，其父母参与总体和四个维度的水平具有显著差异。学生感受到的亲子关系越好，父母育儿参与度越高，其父母对应的参与水平也越高。学习能力更强的学生，其父母参与总体及四个维度显著高于其他学生。相比于没有在线学习经历的学生，有在线学习经历的学生，其父母参与及四个维度呈现更高的水平。对于有在线学习经验的学生，其父母也可能因为有参与经验，而知道如何更好参与学生的学习，从而在参与中表现得更为积极。不同性别学生的父母，在参与总体及示范、强化和指导上具有显著差异。其中，男生在线上学习自控能力方面的薄弱，使其被父母给予更多关注。学生特征中，本书发现只有学生年级没有带来父母之间参与的显著差异。此结果与目前在线学习的研究中，父母参与随学生年级升高而降低的结论不一致（王晶莹和杨伊，2020；靳小玲和王晓宇，2020）。这说明，父母参与的变化主要与学段有较大的关系。

（3）为了探究家庭、学校和学生特征中影响父母参与的关键因素，本章建立了多元回归模型。结果显示：初中生在线学习中的父母参与主要受到学校特征中的教师行为方式、家庭特征中的家庭中等收入、学生特征中学生感受到的亲子关系的显著正向影响。其中，学生感受到的亲子关系对父母参与影响最大。

①学校特征中，教师行为方式对父母参与总体及四个维度具有最强的显著正向影响。在线学习中，父母的角色很像教师，即“教师式父母”（Parent-as-Teacher）（Smith et al.，2016）。他们帮助子女制定学习目标，安排学习时间，甚至帮学生完成作业，指导撰写小论文（Smith et al.，2016）。我国疫情以来面向全国中小学生父母的大规模

问卷调查也显示，父母会对学生进行监督、提醒、陪伴，甚至帮助记录笔记（付卫东和谭杰文，2020）。但这种“教师式父母”的角色需要父母具备教师的教学技能。技能不足，会降低父母对其角色建构的信心。父母参与过程模型指出，父母参与取决于他们如何看待自己的角色和责任（Hoover-Dempsey & Sandler，2005）。相比面授课程，父母较缺乏在线学习的经验和模型，需要课程提供方给予明确的指示和辅助工具，才能进行有效参与（Borup et al.，2019a）。因此，教师作为与学生日常交流的主体，其释放的主动邀请和技能传授，能增强父母角色建构的信心，进而提高父母参与水平。

②家庭特征中，家庭中等收入对于父母参与总体及示范、强化和指导具有最强的显著正向影响。周奕欣等在面授学习的研究中发现，家庭收入与父母参与有显著相关性（周奕欣等，2014）。该研究认为，家庭收入是衡量父母受教育程度、家庭环境和教育能力的重要指标，并会影响父母的角色建构、邀请的知觉。收入越高的家庭，父母参与程度也越高。在线学习中，布莱克研究美国高中生的父母参与时也有类似的发现。他分析了父母种族、社会经济地位（家庭收入、平均工作时间和受教育程度）因素对父母参与的作用，结果显示家庭收入对父母参与有显著正向影响（Black，2009）。本书与布莱克的研究拥有一致性结论，并进一步发现，家庭收入中的中等收入对父母参与影响最强。越来越多的研究认为，经济资本、社会资本的先天不足和文化资本的不可继承性，令中等收入者成为教育焦虑程度最高的群体（韩海棠，2018）。后工业社会开始时的逻辑是能者统治，不同的地位和不同的收入都基于技术才能和教育高下。一个能者统治的社会就是一个证书社会。成就的证明一般是通过大学学位、专业考试和许可证。因此，教育成为一种保护性的必要活动（贝尔，1984）。中等收入者对于社会变化的敏感，以及愿意为之不懈奋斗的动力，均强于其他群体。他们向上流动的重要原因就是拥有社会认可的文凭，提

高了人力资本水平而获得了令人羡慕的收入及社会地位。自身的经历，让中等收入者格外认同教育改变命运。然而教育不同于物质财富，它具有不可继承性，因而造成了中等收入者的教育焦虑。也因此让中等收入的父母更愿意将时间、金钱和精力花费在子女教育上，以实现社会地位再生产或者地位的向上流动。此外，本书里家庭中等收入对父母参与的影响体现为示范、强化和指导，不包括鼓励。这反映了中等收入的家长的参与缺乏对孩子的感情支持。

③学生特征中，学生感受到的亲子关系是所有因素里，对父母参与总体及四个维度具有最强正向显著影响的因素。亲子关系是一个双向化的过程，一般认为亲子关系对儿童发展有重要作用，研究发现这个作用也会对父母造成影响，对父母也有“儿童效应”（李燕，2005）。“婚姻的价值不是父母生了孩子，而是孩子生了父母。”本书的结果印证了子女对父母确实具有改造力。本书中的亲子关系是从话语沟通频度角度来测量。话语是亲子关系理解和交往的媒介。父母和子女对话语的理解和解释，在交流中被不断更新。双方会从彼此的反应中重新构建自我。子女在成长过程中，就在不断接受父母传递的信息，并建立与父母统一的意义体系。到了初中，学生开始进入发展自主性，构建个体意义体系的阶段。充分的沟通有助于形成良好的亲子关系，便于父母及时调整参与行为，提高参与的有效性。

第三章　在线自主学习

一　自主学习的理论透视

（一）多视角下的自主学习

自主学习（Self-Regulated Learning，SRL）是心理学研究的核心话题，其最大价值在于可以有效解释学业成就。从定义来看，自主学习指个体自觉确定学习目标、制订学习计划、选择学习方法和环境、监控学习过程、评价学习结果的过程或能力（庞维国，2003；吴振兰，2017）。关于自主学习的研究最早可追溯至古希腊时代，但直到20世纪60年代后期，维果斯基（Vygotsky）的言语自我指导理论、信息加工心理学和人本主义心理学的发展，才将自主学习带入系统研究阶段。

国外对自主学习的定义主要有以下七大理论视角：（1）自主学习的操作主义理论认为自主学习是外界强化或自我强化的反应，强调外部环境对自主学习的约束作用，关注环境与行为之间的关系；（2）人本主义的自主学习理论认为自主学习是受自我结构（自我概念、自我价值、自我意象等）和过程影响（计划、设置目标、制订计划、选择目标、学习策略、自我监控等）制约的过程；（3）自主学习的信息加工理论视自主学习为循环反馈的过程；（4）自主学习的意志理论把自主学习看成意志控制的过程，并将意志控制分为外显的自我控制和内隐的自我控制过程；（5）言语自我指导理论认为自主学习是学习者言语自我指导的结果；（6）自主学习的认知建构主义理论则强调认知冲突解决过程中新图式的构建；（7）自主学习的社会认知理论，则以班杜拉的个体、行为、环境交互作用论和自我调节理论为框架来定义自主学习，并认为影响自主学习的因素是内部因素、行为因素和环境因素（庞维国，2003），典型代表人物就是齐莫曼（Zimmerman）。

我国学者在20世纪70年代后开始自主学习的系统研究。董奇等学者认为自主学习可以分为三个方面：对学习活动的事先安排和计划；对学习活动的监察、评价、反馈；对学习活动的调节、修正和控制（董奇等，1996）。庞维国则从横向、纵向两个角度定义自主学习。横向指学生能对学习的各个方面做出选择和控制，如动机、策略、内容、时间等。纵向角度的定义与董奇等学者的看法一致，庞维国认为自主学习需要学习前的目标计划制订，学习过程中的自我监控、反馈和调节，以及学习后的自我检查、总结、评价和补救（庞维国，2003）。

可以看到，无论从以上哪个视角解读，自主学习的本质都在于自我调节，且具有能动性、自主性、迁移性、有效性和相对性的特点（董奇等，1996；庞维国，2003）。然而，自主学习并非学习者天生具有的能力（Hammons，2017），而是会经历从“他主”到”自主”逐步发展的过程（庞维国，2001）。从班杜拉的社会认知理论视角，学生将经过观察、模仿、自我控制和自我调节四个阶段，来习得自主学习能力，并受到社会环境的影响（Zimmerman，2000）。学校、社区和家庭都是自主学习的社会环境。当学生的努力得到社会环境中的教师、父母、专家肯定后，学生将逐步承担起解决问题的责任。当学习场域从教室切换至家庭，父母给予子女的引导便可被视为“脚手架”，并通过技能发展和动机发展两种模式提高子女的自主学习能力

(Pomerantz et al., 2007)。技能发展模式指父母为子女的认知和元认知能力提供资源支持。动机发展模式是父母为子女的学业追求、学业控制感和学业积极度提供资源支持。动机和元认知正是自主学习概念的关键要素（Zimmerman，1989）。

（二）齐莫曼的自主学习理论

根据不同的研究视角，学者们在20世纪80年代开始构建自主学习的理论模型（孔丽丽，2018）。其中，被广泛应用于在线学习研究的当属齐莫曼的自主学习理论模型（Littlejohn et al., 2016；邓国民等，2016；张晓赫，2019）。沿袭班杜拉的社会认知理论，齐莫曼认为自主学习者不仅能对学习过程进行调节和控制，还会根据外部反馈对自身行为和周围环境进行监控和调节，即自主学习是在内外互动中个人、行为和环境三元交互的过程，见图3-1。自主学习者将随时监控自己的认知和情感状态，根据环境、行为的反馈回路，通过对策略和功效的感知，发起对环境与行为的调节，以便营造合适的学习环境，并采取最佳的学习行为（Zimmerman，1989）。

齐莫曼的自主学习理论模型包含个人、行为和环境三个因素。个人因素的关键变量是自我效能感。学习策略、自我监控的运用，以及个人对环境的选择和控制，都受自我效能感的影响。在个人与行为相互作用时，自我效能感就像一个调温器，能通过反馈回路让学习者获得知识和技能。当然，自我效能感也依赖于其他个人因素的变量，如学生的知识基础、元认知过程、情感和目标。行为因素的变量有自我观察、自我判断和自我反应。与个人因素的变量相比，行为因素的变量体现为可观察、可训练和可交互。自我观察指学生采用口头书面报告或定量记录的方式，系统性监控自己的行为表现。自我判断指学生系统地比较个人表现与目标或标准之间的差距。自我反应包括个人、行为和环境三种反应策略。这些反应策略均由个人发起，经过个人积

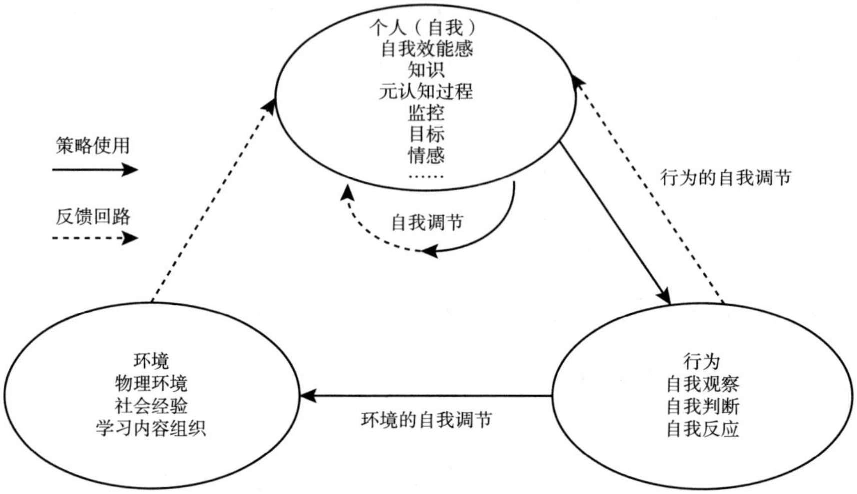

图 3-1　齐莫曼的自主学习理论模型

资料来源：整理自 Zimmerman，1989。

极的自我评价而得到持续并相互作用。环境因素的变量包括物理环境、社会经验以及学习内容组织。物理环境指与学习有关的环境，如光线、空间等。社会经验对人的成功具有重要影响。通过观察自己的行为和随之产生的积极结果，可以大大提高自我效能感。示范、口头讲授、直接帮助和提供符号信息（如图表、图片、公式），都是传授社会经验的有效途径。

根据自主学习理论模型，齐莫曼又将自主学习分为三个循环的过程：计划阶段、表现阶段和自我反思阶段（Zimmerman，2002），见图3-2。

计划阶段包括任务分析和自我动机信念。任务分析含目标设定和战略规划。自我动机信念来源于自我效能、对结果的预期、内在兴趣/价值和学习目标定位。其中，内在兴趣是学生对于任务的评价。学习目标是学生对学习过程自身价值的评价。表现阶段发生在学习过程中，包含自我控制和自我观察。自我控制是在计划阶段所采用的特定

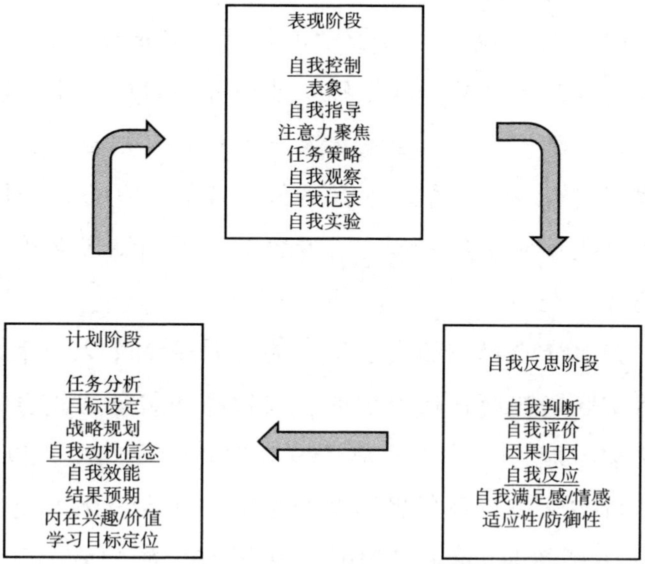

图 3-2 齐莫曼的自主学习循环过程模型

的方法或策略。自我观察是为了找出原因而对个人事件进行的自我记录或自我实验。自我反思阶段发生在学习后，它由自我判断和自我反应组成。这些判断和反应通常来自与标准之间的对比，或者归因于成功或者失败的信念。自我反应有自我满足感和情感。自我反应包括适应性或防御性两种形式。防御性反应指为了保护自己的形象而放弃或避免学习和表现的机会，例如放弃一门课程或缺席考试。相反，适应性反应是为提高学习方法的有效性而进行的调整，例如放弃或改变无效的学习方法。

齐莫曼的自主学习循环过程模型认为，自我反思会影响后续的计划，并形成一个不断循环的过程。在将专家和新手的学习进行对比时，齐莫曼发现这种自我调节的周期性体现得十分明显。新手没有高质量地准备工作，也就意味着缺乏任务目标分析和系统性的自我监督。因此，他们往往倾向于用他人的表现来判断自己的学习效果。当结果不尽如人意时，便很容易归因于自身能力的缺陷，拉低个人满意度，从而形成防御性反应，减少学习投入（Zimmerman，2002）。反之，专家则表现出高度的自我激励。他们能为自己设定层次分明的目标，运用正确的学习策略，自我观察学习效果。根据自己的目标而不是他人的表现进行自我评估，会让他们形成策略或方法归因而非能力归因。这些自我反应能进一步增强专家对学习的结果期望、目标定向和内在兴趣等。

因此，齐莫曼诠释下的自主学习能力是受到个人（自我）、行为和环境因素交互影响而迭代发展的。以教师和父母为代表的社会网络是提升自主学习能力的重要外部环境因素。研究发现，以数学为例，接受了教师自主学习自我反思训练的学生，其成绩比未接受训练的学生高25%（Dent & Koenka，2016）。从年龄上看，元分析发现，学生的成绩与元认知和认知策略显著相关，且随着年级升高，相关性逐渐增强。这表明随着年级升高、知识复杂度提升，更需要学生具有良好的自主学习能力。中小学阶段是自主学习能力变化最快的时期，父母作为社会网络的重要方面，通过示范、鼓励和支持等参与行为，能促进学生自律性发展，并内化其自主学习能力（Gonzalez-DeHass & Willems，2016）。

在线学习中，自主学习能力被认为是成功的关键因素（Onah & Sinclair，2016）。因此，研究者们也将齐莫曼的自主学习理论从面授学习扩展至在线学习。根据齐莫曼的自主学习理论，有研究者对在线学习者的自我调节学习行为进行了阶段分类（孔丽丽，2018），并结合社区理论构建了网络学习社区中的自我调节学习影响因素的概念模型（Garrison et al.，2000）。有研究者根据齐莫曼的自主学习过程模型，提出了一套发现在线社区中学生自我调节事件的指标（Dettori & Persico，2008）；也有研究者在线上学习中验证了齐莫曼的自主学习循环过程模型，发现各个阶段之间具有显著相关关系

（Littlejohn et al.，2016），并且计划阶段和表现阶段对自我反思阶段具有直接影响（邓国民等，2016）。可见，齐莫曼的自主学习理论可被用于在线学习的相关研究。

二 我的青春我做主：初中生如何在线自主学习

在齐莫曼自主学习理论指导下，本书将用质性研究方法，展现我国初中生在线自主学习的基本特征。

（一）个案微分析：自主从在线开始

S01 是一位清秀聪慧的女孩。从小学开始，她就是班里的尖子，成绩优异，文体出众。曾经参加过全国唱歌比赛，并获得一等奖。正如她妈妈所希望的，S01 具有很好的自律性，并在疫情以来的在线学习中保持了良好的学习状态。2020 年 9 月，S01 以全校前三名的成绩考入当地一所重点中学，随后以高票当选校学生会学习部部长。

疫情以来，为了提高 S01 的英语口语表达能力，M01 为 S01 选择了“一对二”的英语小班在线课程。经测评，学伴是和 S01 具有同等水平的，来自另一个省的初二学生。每周六晚，S01 会花 1 小时时间，在线上和学伴一起进行口语课。

S01 向笔者介绍了她在线自主学习的过程，体现为以下几个方面。

1. 目标设定

S01 以一个星期为周期，来规划自己的线上课程。

> 课上的词汇，我们平常在课本上学不到，但是在日常交流中会使用。我的大目标就是，把这些词汇都掌握，并且灵活运用到日常交流里。目前，还没有做学期的计划，主要是每周的计划。

在每周的计划里，有词汇、发音和不同场景下的语言使用。这些小目标，坚持下去的话，可以帮我积累成为较大的收获。

S01 认为，制定目标对她特别重要。

英语口语目前不在我们的考试中体现。如果没有目标，就容易在线上学习中懈怠。我觉得作为语言，还是有必要提高表达能力。所以，有目标，能看到自己每天有小的进步，就能激励我持续努力。

S01 做计划的过程，就是制定目标并将任务进行分解的过程。任务分解的目的是将任务变得更具可执行性。S01 提到了把知识划分为词汇、发音和应用场景。细化的目标能够帮助 S01 从细分任务的角度监督自己的学习掌握情况。对于 S01 来说，英语线上课程是校内课程的补充。她有比较清晰的目标，这是计划阶段的重要步骤，也是引发自主学习的开始。

2. 环境建构

与线下上课不同的是，在线课程中，学生可以自由选择上课的地点。S01 一般选择在自己的房间里上网课。

在我自己的房间，信号稳定。跟老师交流，就觉得需要一个固定的环境，对老师来说也更稳定。

另外，S01 也会尽量排除外界干扰。

我也想让自己更专心，有一个安静的学习环境。平时在线上课，怕弟弟会冲进来打扰我，所以就关着门，然后一个人在房间里上课。

环境建构是在线学习不同于面授学习的特点。后者的学习环境由教师来搭建，前者则让学生有比较大主动性，可以进行环境的选择和自主构建。

3. 时间管理

S01 会安排自己的预习和复习。

> 每节课前，我会安排预习。时间的话就看平常作业情况，安排一个小时左右。线上课结束后，老师会布置作业。一般当天晚上有空的话，我会把它写完，然后上课前再看一遍，回顾一下上一节的内容。这样的话，上课的时候，可以更好地向老师反馈上节课我已经掌握的知识。

S01 的网课固定在周六，但她并没有安排固定时间做网课的预习、复习和作业。

> 我希望自己能每次做好预习和复习，但是，如果和学校作业发生冲突，有时候也不得不放弃。网课有些作业确实耗时。

对 S01 来说，口语线上课毕竟是英语学习的补充，优先级会放在第二位，时间难免出现无法保障的情况。

4. 任务策略

S01 的在线学习有一定的方法策略。

> 我喜欢学完一个新知识后，先把内容在脑海里过一遍，然后过一段时间再重新学一遍，这样的话会让自己的记忆更深刻。

写作业的时候，S01 会安排不同模块分时完成。

> 我一般先选择有关语音的这个模块。我会把一些发音不熟悉的地方调出来，听听老师当时的发音回放。我会刻意隔一小段时间后再完成其他书面作业，看看自己在上课的时候有没有把发音掌握好，是不是短暂的临时记忆。

显然，S01 的学习策略与她改进发音的学习目标紧密相关，所以在学习中，她也格外注意语音的部分。难能可贵的是，S01 是根据对自我表现的评价而采取学习策略，这是自主学习很重要的特点。

5. 寻求帮助

如果遇到问题，S01 最常用的方式是向老师寻求帮助。

> 我会在线上直接问授课老师问题。问授课老师得用英文，对我也是一种锻炼。但有时，会容易表达不清楚。课后，我有时也通过平台的聊天工具，给助教老师留言，这就可以用中文。网上的学伴，我们已经有了几个月一起上课的经历，对彼此也算熟悉了。我不清楚的地方，也会问问她。

线上学习，S01 认为最好的就是可以随时问老师，或者课上给老师发信息。无论是授课老师，还是助教老师，都会对问题进行耐心的解答。

6. 自我评价

S01 是一个善于自我反思的学生，更善于从自我评价和反思中找到学习的薄弱之处。

> 反思的话，首先就要看自己在预习的时候，有没有抓住重

点，并能够运用到课堂上。然后，我也会在课程结束后，问问自己一些需要老师反复提醒的东西，为什么自己一开始就没有按照正确的发音做。我不太和学伴进行直接比较，她毕竟比我高一个年级。但上课我在听她回答问题时，也会仔细考虑一下，如果这道题我来答，我是否能答出来。

上课的时候，我会仔细听课，比对我和老师的发音有什么不同。不同的话，老师第二次再读到这个单词的时候，我就会仔细听。

S01 的反思是通过自己对自己提问，对比自己与老师、学伴的发音来完成的。各个不同角度的自我评价能够提高评价的质量。在自我评价中，与目标之间的差距成为 S01 下阶段目标设定的依据。

（二）跨案例分析：直播教学下的自主学习

1. 目标设定

学生在线学习中会为自己设定标准。被访谈的初中生，其在线学习性质均为课外补习。从学科到机构，都是父母和子女试课比较后最终选择的结果。所以每位学生都有自己的在线学习标准。S02 报了数学、物理、化学和英语四门网课。四门课，他并不是全上。

我发现自己有某些方面的学习漏洞，就会上网课听。如果这部分知识漏洞不是特别大，就不会听得特别认真。网课是学校课程的巩固加培优，线上老师会在学校基础上拔高。进度比学校进度稍微快一些。

因此，S02 的标准就是对现有课程的查缺补漏。大部分被访学生谈到，并不需要消化课上所有知识，还是会以校内知识掌握为主。

S05 就分享道：

> 我的网课进度会比线下快一些。以数学为例，基本快一个单元。网课老师讲得比较快，我没法很细致地消化。做网课作业就有点耽误时间。所以一般情况下，我只是听课，认真做好笔记。但课后作业，就基本不太做。通常，线上课程是用来打基础。学校上课时，再全面掌握。

S05 采用“线上打基础，线下再全面”的策略，具有一定的典型性。S03 也将每次网课后的测试，作为评估听课质量的标准。S04 则自己立下规矩：

> 紧跟老师的节奏，绝对不要落下，绝对不能碰游戏。
>
> 我们班就有同学上课的时候玩游戏，特别影响学习效率。在线学习之前，我就想好了，上课绝对不能玩游戏。主要是我腿受伤了，在家自学的那段时间，每次用电脑查资料，都会忍不住看看微信、刷刷抖音，学习效率很低。所以后来上网课，我就给自己立了规矩：把手机放到房间外面，上课时绝对不玩游戏。

被访学生谈到的以上标准制定，体现了初中生在线学习的主动性。

有了学习标准或目标，学生常常会将其分解。S02 和 S03 为网课设定了周和日的短期目标。初中生与小学生相比，虽然自主性有所提升，但其意志发展以短期调节为主，很难将学习行为和未来远大目标之间建立联系（庞维国，2003）。因此，S02 表示，“短期目标比较明确，好执行。”对于长期目标，S03 认为，“长期目标不稳定因素很多，而且执行中如果涣散一些，就完成不了。”

另外，被访学生都觉得保持高质量的在线学习很重要。S03 对于网课老师某些浪费时间的做法颇有微词。在他看来，

我不想浪费时间，所以希望网课是高质量的。但是，网课里总是会有一些与知识无关的内容。譬如，老师会开一些玩笑，讲和课程无关的事情，用一些网络流行语，这个我是挺不喜欢的。

S03 的感受说明了他清楚地知道，在线学习是在上课，而不是上网。这种意识本身能够帮助学生更好地控制自己的行为。S06 虽然没有明确表示需要高质量的网课，但认为应该跟着老师的节奏，同时不能浏览网页和打游戏。S04 则会将手机放在另一个房间。

可见，目标设定是访谈中发现的初中生在线自主学习的一个维度。目标设定属于齐莫曼自主学习理论的计划阶段。分解目标并制定策略是展开自主学习的第一步。没有一种策略对所有人都适用，也没有一种策略在所有场合都适用（Zimmerman，2008）。被访学生都根据实际状况，进行了目标的制定。本书对以上访谈材料进行跨案例分析及编码，形成了目标设定的子维度，如表 3-1。

表 3-1　目标设定的子维度分析

维度	子维度	材料来源	参考点
目标设定	建立在线学习任务的学习标准	4	12
	制定中长期的学习目标	5	14
	保持高质量的在线学习	4	10
合　计		13	36

2. 环境建构

在线学习赋予了学生面授学习所没有的环境建构的权利。

为排除上课的干扰，大部分学生会尽量在安静的、网络信号稳定的、无人打扰的场所进行学习。S05 还会“把门关上，备齐所有的学习资料”，以避免学习中途分散精力。S04 认为，电子产品会对她造成比较大的干扰。她的自主学习经验来自疫情之前腿受伤时进行居家学习的经历。

> 那段时间，我发现，一旦有手机在身边，就会忍不住看两眼。随后，一天时间很快过去，什么都没干。所以疫情以来的在线学习，我就给自己定下规矩：上课绝对不看手机。之后上课外网课，也一直保持了这个习惯。

S03 也认为，选择不受打扰的场所进行学习时，要特别注意隔绝电子产品的干扰，还得控制自己浏览网页的行为。当然，他发现：

> 平台后来也觉得上课期间上网是个问题，所以开发了相应功能。一旦开始上课，任何页面就打不开，上不了网。

环境的舒适度对学生也很重要。S02 心目中理想的在线学习场所“是要能让人感到舒服和熟悉的地方”。S05 则提到了“椅子、桌子的高度”等因素。据他介绍，“一般网课都是连续两个小时，中间休息 10 多分钟。如果学习的地方不舒适，上课就会感到累”。舒适在 S06 描述中，还等同于自在。

> 就像现在，桌子上摆了刚刚写好的语文作业，还有我没有做完的模型。我学习的场所和休闲的场所都是这儿了，虽然乱了一点，但自在。

同时，S02 还发现，过度舒适，也会影响在线学习效果。例如，

> 穿着上，也不能过于随意。比如你穿个睡衣，就会放松，脑子容易想别的事情。穿得正式，就会提醒自己是在上课。疫情以来的网课，我发现自己如果穿着随意，就很容易打瞌睡、走神。

访谈中，学生们表示，他们能够对环境迅速做出辨识，来判断是否适合在线学习。S2 和 S04 都选择在“自己的”书房上网课。而 S05 家有四个人，他说道，

> 平常哥哥不在家的时候，有一个房间空出来，我就去他房间上课。我认为这是我进行有效学习的地方。在他房间学习，比较安静。他房间里也有各种需要的工具书和资料，查阅起来也很方便。而且有个台式机，屏幕比较大，上网课不累眼。

以上学生描述的环境建构是在自我动机驱动下，对学习环境进行有意识调节的行为。齐莫曼的自主学习理论建立在班杜拉的社会认知理论基础上，它视自主学习为个人、环境和行为交互作用的结果，而且这种交互作用的强度并非对称模式（Zimmerman，1989）。在某些情境中，环境的影响可能会强于个人和行为对自主性的作用。例如在有高度结构化和严格课堂行为准则的学校，学生自主性会在某种程度上被抑制。显然，访谈中，学生们关于环境建构的各种表达，都体现了他们对于环境的主动操控。这些主动调节环境的行为会涉及一个行为序列，如消除噪声、安排充足的照明和学习地点等。当然，若这些环境调节行为与学习目标和自我效能没有联系，就不能被视为自主学习。访谈中，S01 所描述的关门、S04 口中的手机干扰和 S02 发现的

着装问题，都是建立在对学习有效性评估的基础上，并受到目标设定和自我效能感的影响后总结出来的经验。学生知道环境对学习效果的影响，并知道应该使用何种策略来改善环境。

因此，环境建构是初中生在线自主学习的一个重要维度。在跨案例分析和编码后，可得到环境建构维度的子维度，如表 3-2 所示。

表 3-2 环境建构的子维度分析

维度	子维度	材料来源	参考点
环境建构	选择不容易分散注意力的学习场所	5	12
	找舒适的场所进行学习	5	14
	知道自己能进行有效在线学习的地方是哪里	5	13
合　计		15	39

3. 寻求帮助

学习中遇到困难，S06 愿意和线上学习的同学多沟通，来解决问题。在他看来，“同学和我年龄相仿，思维也比较类似，他们讲的思路更让人容易懂”。S03 的数学网课中，老师会出题，让大家提供解法。他就非常喜欢利用这个时间，和网上的同学积极讨论，来发现自己知识上的漏洞。比起线下，“网上的同学，也没有那么熟悉，所以不担心面子问题”。

在寻找线上同学请教时，S04 一般会找“学习好和有耐心的同学”。S03 认为，这些“成绩好的同学都有好的学习方法，可以供我借鉴。大家在线上交流的时候，我的收获特别大”。

在线学习的请教时间有限。对未讨论完的问题，学生们还表示，会在线下继续交流。S04 网课学习中，有线上和线下两个部分。“大约一个月，在北京的小伙伴就会集中一下。那个时候，我就会和同学线下交流。”S06 参加的英文课，就是和同伴一起报名，所以会不定期在线下交流心得。

正如 M02 所发现的，“孩子在学习上遇到的困难，基本不会跟我说。我的孩子希望我们看到他正面的一些东西所以孩子更愿意求助他人”。S02 确实希望在妈妈眼中，他是一个能够解决问题的孩子。但这是否就意味着万事不求人了呢？访谈中，S02 对于独立和自主两个概念，阐述了自己的看法。

> 独立和自主不是一回事，自主学习要在独立的基础上，吸收和听取别人的意见。

独立是一种能够分清自我与他人，并在不依赖他人的情况下就能自我调节的状态（李晓文，2001）。独立，是个体有自己的立场和判断能力，并能为自己的行为负责。自主，正如 S02 所体会的，是个人动机、自我效能等内因驱动下的，由个人主动发起的一系列自我调节行为，而这个行为是结果导向（Zimmerman，1989）。它是在个体已经完成了观察、模仿和自我控制后，发展出来的高阶能力，其也必须以独立为基石。

因此，向他人寻求帮助不会破坏学生的独立性，反而以独立为基础，可以进一步促进自主性的发展。在线学习更是为这种能力发展提供了诸多便利。M05 就认为，学校老师高高在上，并且一人带几十名学生，没有时间并鲜有耐心为每个学生答疑解惑。网课老师则与学生更平等、易于沟通。S05 也谈到网课有便捷的聊天工具，如弹幕、聊天窗口和微信等。上课过程中或者结束后，他能够随时请教，并会得到老师或同学的及时反馈。寻求帮助也是这个阶段的学生发展社会交往能力的重要实践。因此，寻求帮助是访谈中凸显的在线自主学习维度之一。

在跨案例分析和编码后，得到寻求帮助的子维度分析（见表 3-3）。

表 3-3 寻求帮助的子维度分析

维度	子节点	材料来源	参考点
寻求帮助	我找该课程学得好的同学进行咨询	2	4
	和同学在线上讨论,来解决问题	3	6
	如果有需要,我会和同学进行线下面对面交流	2	5
合　计		7	15

4. 自我评价

自我评价指学生通过各种方式，对自己的学习状况进行评估。

学生会问自己关于在线课程内容的相关问题，以检测学习效果。S01 详细描述了这一过程。她在英语口语课上，会先看“预习是不是抓住了重点”，然后“比较和老师发音的差别”。如果不一样，就会在老师授课的时候，“仔细听，揣摩，最后纠正”。因此，S01 在上课时，就会不停地与课程中的标准进行比对，找到差距，而后改正。课程结束后，她也会“反思一下，为什么有的地方需要老师反复提醒。是不是一开始就没有按照正确的方式来发音”。做作业时，她会让自己回忆一下课程内容，“看看有没有掌握好，是不是短时记忆”。下一次新课前，S01 会将内容再回忆一遍，看自己是否完全掌握。因此，S01 在线学习的课程前、课程中和课程后的三个阶段，都将围绕教学内容来评估学习成效。S04 则重点关注在线作业中的错题，并“反思一下，错的是哪个知识点。是自己粗心了，还是题型掌握得不好”。除自评方式外，S05 的每节网课都有一个之前知识点的进门小测试，来帮助 S05 回顾知识和检验知识掌握程度。S05 便会“对比一下正确答案和自己答案的差异，来看看问题在哪里。小测试根据老师的不同风格，会放在课上的任何一个时间”。

和同学交流，也是被访同学评估自己学习表现的一个途径。S01

会和线上另一个学伴对比发音。S02 在网课课间休息时，会和同学在聊天室交流。

> 有些同学没听懂，也会在聊天框问问题。通过交流，我就能判断一下自己的学习状况。

还有被访学生谈到，他们会从与同学的交流中，发现自己与他人的不同之处。S02 会在英语网课的小组汇报时，发现自己在词汇、发音方面的长处或不足。在 S05 的数学和英语网课上，会有定时答题，他提道：

> 在同样的时间下，如果人家做出来了，我没有做出来，我就知道我没有他们学得好。或者人家答题速度快，就说明我知识掌握得不够熟练。

S03 也有类似的经历。

> 数学在线课程学习课间，我喜欢和同学聊天。看看对于内容，他们是怎么理解的。有时候会发现，同样的知识，不同的同学理解吸收的差异很大。

这些差异是动力，有时候也会给 S03 带来压力。S06 则在和同学交流并评估自己的学习状态时，将过去的成绩拿出来进行对比。

> 我过段时间，就习惯把以前的成绩拿出来看看，会发现虽然英语成绩仍然不是很理想，但在阅读和写作方面很有进步。这让我有一定的成就感。

以上谈到的自我评价，在齐莫曼（2000）的自主学习理论中属于自我反思阶段。齐莫曼认为，自我评价通常需要将自己检测到的信息与一个标准或目标进行比较。标准或目标可以分为掌握（Mastery）、过去的表现（Previous Performance）、规范（Normative）和协作（Collaborative）四类。

掌握是从新手到专家的一系列测试或者分数，通常发生在一个连续过程里。网课中的一系列测试，为学生评估个人的学习水平提供了条件。S05 所在的学习平台，每节课提供入门测试。这些阶段性测试也能够反映学生的学习进展。过去的水平，指过去的标准化测试结果；过去的表现，则是自己对自己的评估。S06 采用了与自己过去成绩对比的方式，发现自己英语成绩稳中有升。规范是将自身与他人进行社会性的比较。课上 S01 会与老师的发音不断比较，来提高口语表达。S05 比较自己与同学的答题速度，来评估自己的知识掌握情况。协作指团队努力的结果。在本访谈中，协作的评估方式并未体现，这与科目侧重个人知识掌握相关。因此，没有被访学生谈及团队协作中的自我评估。从齐莫曼定义的自我评价类型来看，在线学习中的初中生采用了掌握、过去的表现和规范三个标准来评估。

这些评估将作为下一个阶段启动目标制定的依据。总之，自我评价可被作为初中生在线自主学习的重要维度。在跨案例分析和编码后，可得到自我评价维度的子维度，如表 3-4。

表 3-4　自我评价的子维度分析

维度	子维度	材料来源	参考点
自我评价	问自己关于在线课程的问题	5	10
	与同学交流，来评估自己的在线学习表现	5	12
	与同学交流，来发现自己和他人在线学习的差异	3	4
合　计		13	26

5. 时间管理和任务策略

时间管理和任务策略在本次访谈中较少被学生提及。

时间管理是学习者对时间资源的调度。此维度特征在被访谈的学生中表现不明显。与面授课堂相比，在线学习的特点是时间自由和老师不在现场。访谈中的学生，其在线学习方式是直播，即视频同步教学。此模式下的师生，不同于异步教学的“师生永久分离”，而是营造出了面对面教学的临场感（郭文革等，2021），它所带来的是近似于课堂教学的体验。这种体验反映在本访谈的几个案例中，亦表现在时间安排上。所有学生的课程都与课堂教学一样，在固定的时间直播。虽然机构提供了录播回放，也只是作为学生的备选，学生们也较少为网课制订时间计划。S02 会“利用空闲时间上网课”，S03 的“直播课都是固定在每周六晚上。课程结束后的作业，只能见缝插针地完成”，其他学生也有类似的表述。学生不需要安排上课时间，而课后时间基本留给学校作业。因此，在线同步学习模式下，学生在时间上的自由得到了抑制。初中生的自主学习本身就具有被动性和依赖性的特点（何思学，2017），他们习惯在老师的安排下开展学习。尤其是在线上，失去了课内老师强加的压力，学生大都听完课就结束了线上学习，课后作业也是尽力而为。所以，访谈中的学生没有明显表现出时间管理的维度特征。

任务策略方面，被访谈的 6 位学生，除了 S01 有任务策略的运用，其他学生在此方面的特征表现得均不明显。笔者发现，我国的在线学习普遍出现在校外辅导机构。本次访谈的 6 位初中生，均在校外机构参加科目学习。这些学习内容，从学生们的目标设定来讲，并不需要全部掌握，而是查缺补漏或者超前学习。因此，线上学习大多以“听”课为主。从节奏上，课程进度略快于校内课程（一般是提前一个教学单元）。即使没听懂，学生也可以在随后的校内课中补足。齐莫曼的自主学习理论，将任务策略归入表现阶段，并隶属于自我控制部分。在自我控制环节，学生要让自己保持注意力，进行自我指导和任务策略，来提高学习效果。任务策略的使用以提高学习效果为动机。若学生对学习效果提升的预期没有太高，动机就不足，就不会启动学习策略。S06 认为自己只要保持每周多学两个小时英语的状态就可以。S02 会根据自己的成绩，调节网课的投入度。S05 平常的校内课会认真完成笔记，但线上课程讲得比较快，不少知识点无法第一次听就能理解掌握。因而，就不太采用记笔记这个有效地促进在线学习效果的策略。另外，S05 提道："课后，老师也会下发笔记，供大家留存"。校外培训机构提供的"周到服务"，从某种程度上也抑制了学生的任务策略使用。

（三）量化分析：在线自主学习的轮廓

根据个案微分析和跨案例分析的结果，本书对问卷进行了调整，且形成了正式问卷，参见附录一。其中，在线自主学习是在线学习过程中学生表现出来的自主学习能力。本书采用齐莫曼从社会认知理论视角对自主学习的定义，将其视为在认知、元认知和动机上，学习者积极参与学习的行为（Zimmerman，1989）。自主学习能力是在个体、环境、行为三者相互作用中循环发展起来的，其形成离不开内部条件和外部条件的共同作用（庞维国，2001）。认知、元认知和动机是学生需要具备的内部条件。认知方面，学生需要掌握一定的认知策略，即会学。这些策略包括适用于各个学科的一般性策略，如分解任务目标、管理学习时间和调节学习情绪等；也包括具体的学习策略，如组织环境、制订计划、复述和记忆等。元认知方面，学生要拥有对自身认知活动的相关知识，如认知监控、认知策略和情感体验等，即能学。动机则是自主学习的前提，即想学。同时还得有毅力坚持学。外部条件是指教师或者父母等成年人的教导和物理环境等因素。

对在线自主学习的测量，采用巴纳德（Barnard）等学者开发的在线自主学习调查量表（Online Self-Regulated Learning Questionnaires，OSLQ）（Barnard et al.，2008）。此量表构建于齐莫曼的自主学习理论基础之上，并主要针对大学生及成年人。因此，为适合初中生的在线学习，本书运用质性研究和量化预研究，对原量表的汉化版进行修订，保留了原量表的目标设定、环境建构、寻求帮助和自我评价四个维度，并对量表进行了信度和效度检验。结果显示，信度和效度良好，具体参见附录五。

根据问卷回收的1271份有效样本，本书对在线自主学习总体水平及其四个维度，从集中趋势（平均数、中位数、众数）、分散情形（标准差、方差、最大值、最小值、平均数的标准误）、分布（峰度、偏度），以及百分位进行了描述，见表3-5。从统计量上看，在线自主学习总体及其四个维度，偏度系数小于0呈负偏态，代表着分数多集中在高数值方面。在线自主学习水平平均数为4.3656，四个维度的平均数按照环境建构、目标设定、自我评价和寻求帮助依次降低。峰度大于0，表示分数集中在众数5附近。百分位数的结果显示了在线自主学习的不同维度的学生比例，如约50%学生自主学习水平为4.8333，目标设定、环境建构、寻求帮助和自我评价维度上均为5。

表3-5　在线自主学习总体及其各个维度水平的描述性统计

	在线自主学习水平	目标设定	环境建构	寻求帮助	自我评价
平均数	4.3656	4.3753	4.4673	4.3076	4.3121
中位数	4.8333	5.0000	5.0000	5.0000	5.0000
众　数	5.0000	5.0000	5.0000	5.0000	5.0000
标准差	0.80225	0.84937	0.75813	0.92418	0.92178

续表

		在线自主学习水平	目标设定	环境建构	寻求帮助	自我评价
方　差		0.6440	0.7210	0.5750	0.8540	0.8500
最大值		1.0000	1.0000	1.0000	1.0000	1.0000
最小值		5.0000	5.0000	5.0000	5.0000	5.0000
平均数的标准误		0.02250	0.02382	0.02127	0.02592	0.02586
峰　度		1.6320	2.1100	2.8890	1.4960	1.5590
偏　度		-1.3160	-1.4800	-1.5920	-1.3800	-1.3950
百分位	10	3.0833	3.0000	3.3333	3.0000	3.0000
	25	4.0000	4.0000	4.0000	4.0000	4.0000
	50	4.8333	5.0000	5.0000	5.0000	5.0000
	75	5.0000	5.0000	5.0000	5.0000	5.0000
	90	5.0000	5.0000	5.0000	5.0000	5.0000

注：* $p<0.05$，** $p<0.01$，*** $p<0.001$。

三　控制与支持：父母参与促进在线自主学习的密码

在以往研究中，父母参与和自主学习之间是什么关系？本书针对这些文献尤其是量化研究文献进行了梳理。

面授学习下的已有研究表明，提供自主性支持的父母，其参与程度越高，学生的自主学习能力越强（Dalal & Dhull，2019）。这些研究覆盖了学龄前至高中的整个基础教育阶段。学龄前儿童处于自主学习的萌芽阶段，母亲提供的认知支持、情感支持和自主性支持可以有效促进学龄前儿童的认知、元认知、动机和自主性发展（Kallia & Dermitzaki，2017）。尼特泽尔（Neitzel）和斯特赖特（Stright）发现母亲提供的元认知内容和指导方式，能够预测学生元认知式谈话、进度监控和寻求帮助的自主学习能力。其情感支持和责任转移也与学生的任务坚持和行为控制显著相关（Neitzel & Stright，2003）。斯特赖特等学者还探讨了父母提供的元认知内容、指导方式、情感支持与小学生自主学习中的寻求帮助、学习注意力、进度监控、元认知式谈话之间的关系（Stright et al.，2001）。结果发现，父母提供的元认知内容对自主学习的预测能力，是以指导方式为中介，即父母需要用学生能够理解的方式和步骤进行元认知内容指导，才能取得理想效果。有意思的是，父母的情感支持会对自主学习产生全面影响的假设并未得到证实。情感支持只与学生的进度监控和元认知式谈话相关。乔尔（Choe）针对韩国中学生的研究则发现，学生感受到的父母的学业支持和情感支持对自主学习有显著的正向作用（Choe，2020）。

还有研究发现，当父母参与提供的是控制性支持时，父母参与就无法给自主学习带来显著正向影响。海斯（Hays）考察了37位幼儿园父母的参与对学生自主学习能力的影响，发现由家庭参与、学校参与和家校交流构建的父母参与，无法显著预测学生的自主学习能力（Hays，2018）。斯特赖特等学者发现学龄前儿童的认知和元认知能力与母亲的认知支持显著正相关，但母亲带有控制性的方向性指导（Directive Maternal Scaffolding）与学生自主性之间具有负相关关系（Stright et al.，2009）。从来自墨西哥中低收入家庭的小学生和父母的研究发现，父母鼓励学生在家庭作业中表现自我和主动参与的自主性支持，能有效增进学生的自我效能感和自主学习能力。相反，父母的控制行为不利于自主学习能力的建立（Grijalva-Quiñonez et al.，2020）。徐（Xu）等学者研究五年级学生的父母参与行为与自主学习之间的关系时发现，父母参与行为与学生的学习动机、自我控制和自我评价有显著相关性。父母的教育期望和学校参与活动能正向促进自主学习的学习动机、自我控制和自我评价，而对学生进行家庭作业辅导则会阻碍自主学习（Xu et al.，2010）。

可见，父母参与对自主学习的效果与其参与方式有关。因此，为了剖析我国初中生在线学习下的父母参与，本书按照父母的教养风格，进一步将在线学习中父母参与的鼓励、示范和指导划为自主性支持（Autonomy Support），强化归为控制性支持（Control Support）（Grolnick & Ryan，1989）。自主性支持下的父母参与允许学生探索自己所处的环境，并自行决定事情的重要性和优先级。同时，父母也会提供资源，尽可能让学生独立完成。提供控制性支持的父母倾向于用惩罚性方式给予学生压力或以控制性奖励来激励学生。当然，控制性支持下的父母参与有很多不同方式，并容易与父母提供的结构混淆（Grolnick & Pomerantz，2009）。结构指的是父母为孩子的行为提供清晰一致的指导方针和后续行动计划（Grolnick & Ryan，1989）。只有以压力、入侵和支配为特征的教养方式才被视为控制（Grolnick & Pomerantz，2009）。本书关于父母参与的指导维度是以引导为主要特征，因此属于自主性支持的范畴。

本书导入 1271 份样本数据，将在线学习中的父母参与作为自变量，将在线自主学习及其维度作为因变量，分别建立五个线性回归模型进行回归分析，并以家庭特征、学校特征和学生特征为控制变量。

在线学习中的父母参与对在线自主学习及其维度的回归分析见表 3-6。调整后的 R^2 分别为 0.453、0.407、0.444、0.366、0.369，说明回归模型对因变量具有一定的解释力。回归模型的容忍度为 0.350~0.964，方差膨胀系数为 1.038~2.861，说明自变量之间没有多重共线性。

表 3-6 的结果表明，在线学习中，父母参与对在线自主学习及各个维度，均有显著的正向影响，并与面授学习的研究有一致性结论。蒂尼科（Tiniakou）等学者以齐莫曼的自主学习理论为理论基础，对 38 位从事高自主性行业的成年人进行访谈，让其回溯童年及青少年时期的父母参与情况。其中有 28 位提到父母会经常促使学生进行自我反省并鼓励兴趣（Tiniakou et al.，2018）。埃芬妮（Effeney）

表 3-6 在线学习中的父母参与对在线自主学习及其维度的回归分析

变量			在线自主学习	目标设定	环境建构	寻求帮助	自我评价
自变量	父母参与		0.423*** (0.015)	0.394*** (0.004)	0.474*** (0.003)	0.369*** (0.005)	0.349*** (0.005)
控制变量	家庭特征	户口类型	0.009 (0.749)	0.005 (0.206)	0.009 (0.178)	0.006 (0.232)	0.014 (0.231)
		家庭收入	−0.031 (0.228)	−0.002 (0.063)	−0.047* (0.054)	−0.036 (0.071)	−0.033 (0.070)
		职业类型	−0.041 (0.069)	−0.045 (0.019)	−0.045* (0.016)	−0.027 (0.021)	−0.038 (0.021)
		受教育程度	−0.056* (0.138)	−0.059* (0.038)	−0.061 (0.033)	−0.045 (0.043)	−0.045 (0.043)
		亲子关系	−0.116*** (0.116)	−0.110*** (0.032)	−0.060* (0.028)	−0.122*** (0.036)	−0.132*** (0.036)
		父母是否有在线学习经历	0.035 (0.479)	0.031 (0.132)	0.029 (0.114)	0.045 (0.148)	0.023 (0.148)
	学校特征	学校管理方式	0.207*** (0.089)	0.202*** (0.024)	0.145 (0.021)	0.204*** (0.027)	0.211*** (0.027)
		教师行为方式	0.011 (0.122)	−0.006 (0.034)	0.021 (0.029)	0.010 (0.038)	0.017 (0.038)
	学生特征	性别	0.067** (0.407)	0.080 (0.112)	0.073** (0.097)	0.044 (0.126)	0.055* (0.126)
		年级	−0.002 (0.277)	−0.001 (0.076)	−0.004 (0.066)	0.004 (0.086)	−0.006 (0.086)
		是否有在线学习经历	−0.039 (0.924)	−0.026 (0.255)	−0.047* (0.220)	−0.041 (0.286)	−0.033 (0.285)
		学习能力	0.140*** (0.258)	0.157*** (0.071)	0.146*** (0.062)	0.089*** (0.080)	0.132*** (0.080)
		感受到的亲子关系	0.202*** (0.122)	0.202*** (0.034)	0.155*** (0.029)	0.191*** (0.080)	0.198*** (0.038)
		感受到的育儿参与度	0.080** (0.117)	0.063* (0.032)	0.035 (0.028)	0.101*** (0.036)	0.091*** (0.036)
F			71.258***	59.034***	68.566***	49.955***	50.501***
调整后的 R^2			0.453	0.407	0.444	0.366	0.369
样本量			1271	1271	1271	1271	1271

注：() 内为标准误；$^{*}p<0.05$，$^{**}p<0.01$，$^{***}p<0.001$

以 15~17 岁的男生为对象进行访谈，并以齐莫曼和马丁内斯·庞斯的 SRLIS（Self-Regulated Learning Interview Schedule）框架作为编码的工具。该研究也发现，除教师外，父母是学生获取自主学习策略的另一重要途径。父母通过参与建立日程化的生活环境，帮助学生形成了良好的学习习惯。这种学习习惯可以让学生逐步内化，并知晓如何独立指导和规划自己的学习（Effeney et al.，2013）。此研究结果还进一步说明，当学习从线下转为线上时，父母参与依然与面授学习一样，对学生的自主学习发挥着显著正向促进作用。

当然，以上结果没有反映父母参与的各个维度对于在线自主学习的影响，尤其是体现父母参与自主性支持和控制性支持的不同作用效果。因而，本书将父母参与的四个维度作为自变量，在线自主学习整体水平及四个维度分别作为因变量，再次进行多元线性回归，并控制了家庭、学校和学生特征。回归后的标准化系数 β、调整后的 R^2 汇总见表 3-7。回归模型容忍度为 0.191~0.961，方差膨胀系数为 1.040~5.232，说明自变量之间没有共线性。调整后的 R^2 分别为 0.454、0.408、0.443、0.368、0.370，说明各个回归模型对因变量具有一定的解释力。

表 3-7　在线学习中的父母参与各个维度对在线自主学习及各个维度的回归分析

变量			在线自主学习	目标设定	环境建构	寻求帮助	自我评价
自变量	父母参与	鼓励	0.126** (0.075)	0.075* (0.021)	0.125** (0.018)	0.142** (0.023)	0.125** (0.023)
		示范	0.198*** (0.092)	0.177*** (0.025)	0.166** (0.022)	0.190*** (0.028)	0.197*** (0.028)
		强化	0.005 (0.119)	−0.015 (0.033)	0.058 (0.028)	−0.031 (0.037)	0.016 (0.037)
		指导	0.123** (0.097)	0.182*** (0.027)	0.158** (0.023)	0.096 (0.030)	0.036 (0.030)

续表

变量			在线自主学习	目标设定	环境建构	寻求帮助	自我评价
控制变量	家庭特征	户口类型	0.009 (0.749)	0.006 (0.206)	0.009 (0.179)	0.007 (0.232)	0.013 (0.231)
		家庭收入	−0.029 (0.228)	−0.001 (0.063)	−0.047* (0.054)	−0.033 (0.071)	−0.031 (0.070)
		职业类型	−0.042 (0.069)	−0.046 (0.019)	−0.046* (0.016)	−0.027 (0.021)	−0.038 (0.021)
		受教育程度	−0.056* (0.139)	−0.057 (0.038)	−0.061* (0.033)	−0.046 (0.043)	−0.048 (0.043)
		亲子关系	−0.115*** (0.117)	−0.109 (0.032)	−0.059* (0.028)	−0.122*** (0.036)	−0.130*** (0.036)
		父母是否有在线学习经历	0.036 (0.479)	0.031 (0.132)	0.030 (0.114)	0.046* (0.148)	0.025 (0.148)
	学校特征	学校管理方式	0.203*** (0.089)	0.200 (0.024)	0.144*** (0.021)	0.198*** (0.028)	0.205*** (0.027)
		教师行为方式	0.015 (0.123)	−0.003 (0.034)	0.022 (0.029)	0.014 (0.038)	0.022 (0.038)
	学生特征	性别	0.067** (0.408)	0.083 (0.112)	0.074** (0.097)	0.042 (0.126)	0.053* (0.126)
		年级	−0.002 (0.277)	0.000 (0.076)	−0.004 (0.066)	0.004 (0.086)	−0.007 (0.086)
		是否有在线学习经历	−0.038 (0.924)	−0.025 (0.255)	−0.046* (0.220)	−0.039 (0.286)	−0.032 (0.285)
		学习能力	0.140*** (0.258)	0.158 (0.071)	0.146*** (0.062)	0.089*** (0.080)	0.132*** (0.080)
		感受到的亲子关系	0.205*** (0.123)	0.207 (0.034)	0.158*** (0.029)	0.194*** (0.038)	0.197*** (0.038)
		感受到的育儿参与度	0.077** (0.117)	0.059 (0.032)	0.033 (0.028)	0.098*** (0.036)	0.088** (0.036)
F			59.705***	49.722***	57.143***	42.112***	42.469***
调整后的 R^2			0.454	0.408	0.443	0.368	0.370
样本量			1271	1271	1271	1271	1271

注：() 内为标准误；* $p<0.05$，** $p<0.01$，*** $p<0.001$。

在线学习中的父母参与各个维度对在线自主学习及各个维度的回归分析（见表 3-7）显示，初中生在线学习中，父母参与的鼓励、示范和指导，对在线自主学习总体及其四个维度均有显著的正向影响。面授学习中，哈蒙斯研究了父母示范、鼓励、奖励和指导的参与行为与中学生自主学习的阐述、组织、预演、计划、监控和调节六种能力的关系，也同样发现父母参与能够显著促进学生自主学习能力的提高，尤其是父母的鼓励可以激发学生的好奇心。父母的指导可以帮助学生设定目标，并使其了解自己的学习风格，以更有效地学习（Hammons，2017）。马丁内斯·庞斯同样认为，父母的示范、鼓励、促进、奖励对目标设定、策略运用、自我监控、策略调整等自主学习能力有正向显著影响（Martinez-Pons，1996）。当然，本书的研究结果表明，初中生在线学习中，父母参与中的强化则对在线自主学习总体及其四个维度均无显著影响。在哈蒙斯的研究中，强化体现为对学生的奖励。他发现，初中是教育生涯的新阶段。学生开始承担更多的学习责任，并希望父母逐步移除“脚手架”（Hammons，2017）。因此，强化作为控制性支持，抑制了自主需求，所以造成了强化维度对在线自主学习的影响不显著的结果。鼓励、示范和指导属于自主性支持，因而能够促进在线自主学习能力的提高。

四 小结

本章回顾了自主学习的七大理论视角，并详细介绍了齐莫曼的自主学习理论。通过对我国初中生在线自主学习的质性研究和量化分析，勾勒出初步轮廓。同时，通过回归分析讨论了父母参与对在线自主学习的作用效果，主要结论如下。

（1）初中生在线自主学习未能完全体现在线自主学习调查量表的维度。初中生在线学习具有在线自主学习调查量表中的目标设定、环境建构、寻求帮助和自我评价四个维度。量表的时间管理和任务策略维度不明显。虽然个案微分析中，S01 表现出了量表所有六个维度，但在随后的跨案例分析中，发现由于采用了在线同步学习方式，学生的时间自由度被打了折扣。加之初中生缺乏学习主动性，就造成了时间管理特征普遍不明显。在任务策略方面，由于学生对在线学习的定位不是必须掌握所有知识，而是查缺补漏或者超前学习，所以学生大多以听课为主，较少动用笔记等学习策略，从而任务策略维度体现不足。而其他四个维度无论在个案微分析还是跨案例分析中，都体现得比较充分。

目标设定，表现为学生愿意制定长期和短期的线上课程目标、线上学习的基本原则以及设定线上课程的标准。其子维度包括“建立在线学习任务的学习标准”“制定中长期的学习目标”“保持高质量的在线学习”。被访谈的初中生将校外在线学习视为校内课程的查缺补漏。在目标方面，主要侧重于短期的周目标。

环境建构，反映了学生以目标为导向，主动调节学习环境的行为。其子维度包括“选择不容易分散注意力的学习场所”“找舒适的场所进行学习”“知道自己能进行有效在线学习的地方是哪里”。环境建构是在线学习和面授学习的重要差别。被访的初中生大多积极主动地进行了环境建构，并认为这是对在线学习效果造成影响的重要因素。

寻求帮助，是学生遇到问题能够适时向他人求助的行为。其子维度包括“我找该课程学得好的同学进行咨询”“和同学在线上讨论，来解决问题”“如果有需要，我会和同学进行线下面对面交流”。初中生在访谈中，表现出更愿意与同学进行交流和讨论，反映了这个阶段的学生发展中，同伴作用逐步凸显。

自我评价，体现为学生将自己的表现与掌握、过去的表现和规范进行比较，从而评估个人的学习状况。其子维度包括“问自己关于在线课程的问题”“与同学交流，来评估自己的在线学习表现”“与同学交流，来发现自己和他人在线学习的差异”。

原量表中的时间管理维度，由于受到同步在线视频教学模式的影响，在本次质性研究中无明显体现。任务策略维度受到校外在线学习定位的影响，也没有在访谈中有明显的体现。

（2）初中生在线学习中，父母参与总体对在线自主学习总体及其四个维度均具有显著的正向影响。此结论支持了面授学习中父母参与能促进学生自主性发展的观点（Effeney et al.，2013；Tiniakou et al.，2018）。当进一步将在线学习中的父母参与划分为自主性支持（鼓励、示范、指导）和控制性支持（强化）后，多元线性回归分析的结果显示，自主性支持对在线自主学习总体及其四个维度具有显著的正向影响。此结论与面授学习中的研究一致（Martinez-Pons，2002；Effeney et al.，2013；Hammons，2017），也说明了当学习从线下转至线上，父母的自主性支持对学生的自主性发展起到了同样的促进作用，而控制性支持则没有显示出对在线自主学习的显著影响。在小学甚至更低龄的阶段，父母用奖励的方式来强化子女某些行为，会有效促进其自主学习的外部调节。对自主性已经开始发展的初中生，父母就需要按照奖励最低充分原则（Minimal-Sufficiency），逐步减少或隐去奖励等外部强化（李晓文，2001），引导学生进行更高、更深层的问题探索。否则，这种控制性支持就会抑制自主性发展。

（3）虽然在初中生在线学习中，父母参与总体对在线自主学习总体及其四个维度具有显著正向影响，但这种影响更多来自父母的自主性支持（参见附录八）。一方面，初中生在线自主学习能力的提高离不开父母参与。自主学习能力不会随年龄增加而提高，因而需要父母或者老师等成年人的不断引导。齐莫曼的自主学习理论认为，学生将经过观察、模仿、自我控制和自我调节四个水平发展阶段来习得能力，并受社会环境的影响（Zimmerman，2000）。观察和模仿是外在的社会性调节，父母等社会环境对于学习者积累社会学习经验（Social Learning Experience）有重要作用，并能避免学习者自我控制和自我调节的内在性调节功能失调。因此，父母需要重视并发挥父母参与对于在线自主学习的促进作用。另一方面，初中生在线学习中，父母需注意谨慎采用控制性支持的方式，以此最大限度地发挥父母参与的效果。

第四章　学生发展

一　“催化剂”还是“绊脚石”：父母参与的效果

学业成就（Academic Achievement）① 作为衡量教育质量的指标，有广义和狭义两种定义方式。狭义理解的学业成就是经过一段时间的学习和培训，在明确范围内取得的学习成果。它反映了学生的认知能力，可用直接评估的方式来测量，如科目考试成绩、绩点（Grade Point Average，GPA）等。随着大众对教育质量的要求不断提高，尤其在高等教育领域，发达国家对学业成就的测量趋于多元化，如用间接评估方式测量学生的通用性能力、胜任力、满意度等非认知能力（鲍威，2015）。在此趋势下，我国学者也开始将非认知能力纳入学业成就的研究范畴。于冰洁和余锦汉用学习成绩代表认知能力，用教育抱负和行为改善代表非认知能力，以此来测量初中生的学业成就（于冰洁和余锦汉，2020）。因此，广义理解的学业成就包含了认知和非认知两个维度。

非认知与认知相对应，其涵盖范围广泛，学界尚未对其定义达成一致。经济与合作组织（Organization for Economic Co-operation and Development，OECD）在 2017 年出版的《全球技能展望》一书中，

---

① 英文也可表述为 Academic Performance、Learning Effect 和 Learning Outcome。

将非认知能力视为一种社会的、情感的能力或代表个人特质（Personality Trait）的“软能力”。认知能力被定义为个体有意识的智力付出，以及包括长时记忆、短时记忆、视觉听觉处理过程、处理速度、逻辑和推理能力在内的技能总和（OECD，2017）。相比于认知能力，非认知能力是更直接、更无意识的智力，通常包括个性、气质、态度、诚信和人际能力。也有学者将非认知能力表述为非智力因素或情绪智力。其中，非智力因素是与智力活动有关的情感因素、意志因素、个性意识（理想、动机、兴趣）和气质（林崇德，1992）。情绪智力是一种社会智商（Social Intelligence），是准确感知、评价和表达情感的能力（吴峰和王曦，2017）。

本书采纳学业成就的广义定义角度，将学业成就分为认知和非认知，来归纳父母参与对中学生学业成就影响的相关实证研究。整理后的结果见表4-1。

表4-1 父母参与对中学生学业成就影响的实证研究整理

<table>
<tr><th>学习环境</th><th>父母参与维度</th><th colspan="2">学业成就</th><th>作用效果</th><th>文献出处</th></tr>
<tr><td rowspan="4">在线学习</td><td>鼓励、示范、强化、指导</td><td>认知</td><td>GPA</td><td>鼓励对GPA有显著负向影响；示范、强化和指导对GPA无显著影响</td><td>(Nayar,2021)</td></tr>
<tr><td>鼓励、示范、强化、指导、参与频率、阻碍因素、参与家庭作业、参与学校活动、参与校外活动</td><td>认知</td><td>GPA</td><td>显著正向影响</td><td>(Stovall,2015)</td></tr>
<tr><td>父母汇报的鼓励、示范、强化、指导，以及孩子汇报的父母鼓励、示范、强化、指导</td><td>认知</td><td>学期平均成绩</td><td>显著正向影响</td><td rowspan="2">(Black,2009)</td></tr>
<tr><td>鼓励、示范、强化、指导</td><td>认知</td><td>学期平均成绩</td><td>无显著影响</td></tr>
</table>

续表

学习环境	父母参与维度	学业成就		作用效果	文献出处
在线学习	访问学生的学习网站	认知	GPA	无显著影响	（Bocian，2016）
	鼓励、强化、示范、指导	认知	提交作业即时性	无显著影响	（Bird，2015）
面授学习	行为管理、情感管理和智力管理	认知	学习成绩	显著正向影响	（郭向荣，2016）
	支持型、一般型、放养型、严厉型	认知	学习成绩	显著正向影响	（黄小瑞和安桂清，2018）
	亲子陪伴、亲子交流、家校沟通	认知	学习成绩	显著正向影响	（李佳丽和薛海平，2019）
	辅导的频率	认知	学习成绩	显著负向影响	（Xu et al.，2010）
	亲子阅读、亲子活动、亲子交流、作业督导、家校互动	认知	学习成绩	亲子阅读、亲子活动和亲子交流能带来显著正向影响	（李波，2018）
		非认知	自尊、自我控制、人际交往、学校适应、领导力、合作	显著正向影响	
	家庭互动、家庭内部参与、外部参与	认知	学习成绩	显著正向影响	（于冰洁和余锦汉，2020）
		非认知	教育抱负、行为改善	显著正向影响	

资料来源：作者根据文献整理。

在认知方面，李和菲格罗阿认为，如果父母积极投入时间和精力参与学生的线上学习，学生就能受益匪浅（Lee & Figueroa，2012）。但关于在线父母参与对学业成就中认知的影响，现有研究的结果并不一致。

类似于大部分面授学习中的研究结果（郭向荣，2016；黄小瑞和安桂清，2018；李波，2018；李佳丽和薛海平，2019），有研究发现，在线学习中的父母参与对认知具有显著正向影响。斯托瓦尔以网校 112 位学生和 127 位父母为研究对象，选取鼓励、示范、强化、指导、参与频率、阻碍因素（Prevention Factors）、参与家庭作业、参与学校活动和参与校外活动的九个维度，作为表征父母参与的自变量，并以学生自我报告的 GPA 为因变量进行回归分析（Stovall，2015）。结果显示，父母参与总体显著影响学生成绩。将父母参与分解后，阻碍因素、参与家庭作业和参与校外活动三个因子对学生成就的作用显著。

还有研究发现，在线学习中的父母参与对学生认知无显著影响。博西昂在美国中西部一个在线学习的中学，以 GPA、出勤记录和违纪记录为因变量，以父母是否访问学生的在线学习门户网站为自变量，选取每个年级 50 名访问门户 10 次及以上的父母数据，以及 50 名没有访问门户的父母数据，来检验其子女的学习成绩差异。结果显示，不同访问门户频次的父母对学生成绩无显著影响（Bocian，2016）。当然，进一步的分析发现，父母在访问学生账户后，最常看的是学生的成绩。参与调查的父母反馈，他们会在得知成绩后联系老师。可见，登录门户网站显然并未体现出在线学习中父母参与的价值。伯德（Bird）考察了学生作业提交及时性与父母参与之间的关系。作业提交是否及时是学习成绩的重要影响因素。伯德将父母参与划分为鼓励、强化、示范和指导四个维度，以 6~12 年级在线学习的学生为样本进行研究（Bird，2015）。分析结果显示，父母参与和学生在线作业提交的及时性之间无显著关系。纳亚尔（Nayar）同样也采用了伯德对父母参与的划分方式，发现父母参与的强化、示范和指导与代表学生认知的 GPA 之间无显著相关关系（Nayar，2021）。

还有关于在线学习中父母参与对认知影响的研究，在采用不同数据集时出现了不一致的分析结果。布莱克以学习成绩为因变量，用父母汇报的父母参与和学生汇报的感知到的父母参与作为自变量，分别进行回归分析。其中，父母参与包括鼓励、强化、示范和指导四个维度。分析后显示，两种情况下的结果均不显著（Black，2009）。而当国内研究者将父母汇报的父母参与四个维度以及学生感受到的父母参与的四个维度作为自变量，将学习成绩作为因变量，导入学生和父母的配对样本数据进行回归分析后，结果显示两者呈现显著正相关。其中，父母汇报的指导与学业成绩显著负相关。这与面授环境下，父母辅导作业同学生的学习成绩负相关的结果一致（Xu et al.，2010）。博勒普以交互为核心的研究进一步发现，97%的学生认为他们与父母的互动具有激励作用。但父母容易在学生成绩不理想的时候提高指导频率，从而掩盖父母参与带来的真正价值（Borup et al.，2013）。事实上，有效的教学往往是内容和教学法的结合（Black，2009）。

在线学习中，还没有研究考察父母参与和非认知之间的关系。相关研究均来自面授学习环境。面授学习中的实证研究发现，父母参与对学生的教育抱负、行为改善有所帮助（于冰洁和余锦汉，2020）。教育抱负代表了学生对学业现状的感知和对未来的信心，行为改善则反映了学生对于兴趣的坚持和自我管理能力。李波分析 2016 年 46 所学校的四年级和八年级学生的调查数据发现，在自尊、自我控制、人际交往、学校适应、领导力、合作的非认知方面，除家校互动外，父母参与中的各个维度均为非认知带来了显著正向影响。其中，亲子交流对子女非认知的影响力最大，其次是亲子活动和亲子阅读（李波，2018）。在线学习的研究中，虽然没有父母参与对非认知的实证研究，但此领域也得到了学者们的关注，尤其是学习动机。韦纳认为学习动机是贯穿于在线学习并影响学习成败的关键因素（Weiner，2003）。在线学习环境下，父母如能显示对学生学习的兴趣，就会大大促进学生学习动机的提升（Borup et al.，2014b）。博勒普研究了高中网课中学生与父母的互动后也发现，能感知到父母参与的学生，其学习更有动力（Borup et al.，2013）。同时，当父母对学生学习表现出关注时，学生也倾向于更加勤奋刻苦（Bempechat & Shernoff，2012）。

以往在线学习中父母参与对认知具有的混合效果，以及缺乏对非认知的讨论，让我们有必要从认知和非认知两个层面，探究我国初中生在线学习中父母参与对学业成就的影响。

（一）认知发展

本书以在线学习中父母参与的四个维度为自变量，以学生的认知为因变量，建立了多元回归模型一。认知以在线学习的数学成绩来衡量。如之前的讨论，初中生在线学习中，父母参与会受到家庭、学校和学生特征的影响，因此在控制了相关变量后，建立了多元回归模型二。使用 Statistics SPSS 23.0 软件，采用普通最小二乘法，回归分析的结果汇总见表 4-2。

表 4-2 在线学习中的父母参与各维度对认知的影响回归分析

变量			模型一	模型二
自变量	父母参与	鼓励	0.051 (0.145)	0.023 (0.140)
		示范	0.107 (0.178)	0.120 (0.173)
		强化	-0.064 (0.232)	-0.062 (0.224)
		指导	0.023 (0.189)	-0.010 (0.182)
控制变量	家庭特征	户口类型	—	-0.014 (1.410)
		家庭收入	—	-0.035 (0.429)
		职业类型	—	-0.034 (0.129)
		受教育程度	—	0.012 (0.261)
		亲子关系	—	0.054 (0.219)
		父母是否有在线学习经历	—	-0.016 (0.902)

续表

变量			模型一	模型二
控制变量	学校特征	学校管理方式	—	-0.006 (0.167)
		教师行为方式	—	0.009 (0.231)
	学生特征	性别	—	-0.027 (0.768)
		年级	—	-0.089** (0.522)
		是否有在线学习经历	—	-0.010 (1.739)
		学习能力	—	0.284*** (0.486)
		感受到的亲子关系	—	-0.077 (0.231)
		感受到的育儿参与度	—	-0.011 (0.220)
F			4.444**	8.593***
调整后的 R^2			0.011	0.097
样本量			1271	1271

注：( ) 内为标准误；* $p<0.05$，** $p<0.01$，*** $p<0.001$。

回归模型一的容忍度为 0.195~0.296，方差膨胀系数为 3.375~5.122，说明自变量之间没有多重共线性。调整后的 R^2 为 0.011，说明模型一具有一定的解释力。回归模型二的容忍度为 0.191~0.958，方差膨胀系数为 1.040~5.232，说明自变量之间没有多重共线性。调整后的 R^2 为 0.097，说明模型二具有一定的解释力。

从统计结果来看，没有控制任何变量的回归模型一，在线学习中，父母参与的四个维度对认知没有显著影响。加入家庭、学校和学生特征作为控制变量后，拟合优度提高了 0.086，即模型解释力提高了，但父母参与的各个维度对认知仍然没有显著影响。

在线学习中，父母参与对学业成就影响的现有实证研究结论，尚未达成一致。不少研究者认为，在线学习中的父母由于取代了教师在学习中重要的物理位置，因而会对学生的学习产生更大的作用，并最终帮助学生实现学业成功（Borup et al.，2020a）。因此，有文献显示，在线学习中的父母参与显著正向影响认知（Stovall，2015）。当然，也有文献表明，在线学习中，父母参与的鼓励、示范、强化和指导对代表学生认知的 GPA 均无显著影响（Bird，2015）。本书的研究发现与后者一致，并支持了布莱克关于在线学习中父母参与的大样本的研究结论（Black，2009）。他以胡佛·登普西和桑德勒的父母参与过程模型为理论基础（Hoover-Dempsey & Sandler，2005），将父母参与的鼓励、示范、指导和强化四个维度作为自变量，将学生自我汇报的在线学习的学期课程成绩作为因变量。从 452 位父母中收集父母参与数据之后的大样本的回归分析结果显示，父母参与各个维度对学生成绩均无显著影响（Black，2009）。此外，本书发现的父母参与对认知无显著影响的结论，与大部分面授学习研究中父母参与能有效促进学业成绩的结论不一致。这说明线上学习尚属新鲜事物。父母虽然愿意投入时间和精力，积极参与学生学习活动，但面对中学生，确实存在知识和技能上的不足，从而导致参与效果欠佳（Waters，2012）。

值得注意的是，表 4-2 的模型二中，鼓励和示范的回归系数为正，指导和强化的回归系数为负。此结果表示，初中生在线学习中的父母参与四个维度，对学生的学业成就可能具有相反的作用效果。这种不同的作用效果也体现于布莱克的研究中。布莱克在分析 101 份父母和子女的配对样本数据后发现，父母汇报的强化对学生在线学习的 GPA 具有显著正向影响，而父母汇报的指导则带来了显著负向影响（Black，2009）。类似的，纳亚尔的研究显示，初中生在线学习中，父母参与的鼓励对学生的 GPA 具有显著负作用，而示范、强化、指导则对 GPA 无显著影响（Nayar，2021）。这反映了在线学习中的父母参与对认知的作用具有复杂性，还需要更细致的研究来揭示其中的作用机制。

另外，模型二的控制变量中，学生特征中的年级对认知有显著的负向预测作用，反映了在线学习环境下的认知水平随着年级的提高而降低。原因在于，随着年级的升高，考试题目难度加大，学生普遍成绩会降低。此外，学生的学习能力对认知有显著的正向预测作用。在面授学习环境下成绩优异的学生，也容易在线上学习中表现出较高的学习水平。

（二）非认知发展

本书中的非认知由学业自我效能感和学习动机组成，以下分别讨论初中生在线学习中，父母参与对这两个方面的影响。

1. 在线学习中的父母参与对学业自我效能感的影响

本书以在线学习中父母参与的四个维度为自变量，以学生的学业自我效能感为因变量，建立了多元回归模型三。加入家庭特征、学校特征和学生特征作为控制变量后，建立了多元回归模型四。回归分析的结果见表 4-3。

回归模型三的容忍度为 0.195～0.296，方差膨胀系数为 3.375～5.122，说明自变量之间没有多重共线性。调整后的 R^2 为 0.366，说明模型三具有一定的解释力。回归模型四的容忍度为 0.191～0.958，方差膨胀系数为 1.040～5.232，说明自变量之间没有多重共线性。调整后的 R^2 为 0.452，说明模型四具有一定的解释力。模型三中，鼓励、示范和指导维度均对学业自我效能感有正向显著影响。鼓励、示范和指导程度每增加 1 个单位，学生的学业自我效能感分别提高 18.4%、20.1% 和 21.4%。加入控制变量后的模型四，R^2 显著提高了 0.086，即模型解释率得到了提升。

表 4-3　在线学习中的父母参与各个维度对学业自我效能感的回归分析

变　量			模型三	模型四
自变量	父母参与	鼓励	0.184*** (0.104)	0.131*** (0.098)
		示范	0.201*** (0.128)	0.145*** (0.121)
		强化	0.050 (0.167)	0.014 (0.157)
		指导	0.214*** (0.136)	0.193*** (0.127)
控制变量	家庭特征	户口类型	—	0.009 (0.987)
		家庭收入	—	-0.012 (0.300)
		职业类型	—	-0.003 (0.090)
		受教育程度	—	-0.022 (0.182)
		亲子关系	—	-0.089** (0.153)
		父母是否有在线学习经历	—	0.029 (0.631)
	学校特征	学校管理方式	—	0.176** (0.117)
		教师行为方式	—	0.006 (0.162)
	学生特征	性别	—	0.004 (0.538)
		年级	—	0.001 (0.365)
		是否有在线学习经历	—	-0.029 (1.217)
		学习能力	—	0.183*** (0.340)
		感受到的亲子关系	—	0.161*** (0.162)
		感受到的育儿参与度	—	0.055* (0.154)

续表

变　量	模型三	模型四
F	184.527***	59.227***
调整后的 R^2	0.366	0.452
样本量	1271	1271

注：（）内为标准误；* $p<0.05$，** $p<0.01$，*** $p<0.001$。

本书发现，模型四中，初中生在线学习中，父母的鼓励、示范和指导对学业自我效能感有正向显著影响。鼓励、示范和指导程度这三项每增加1个单位，学生的学业自我效能感分别提高13.1%，14.5%和19.3%。强化在模型三和模型四中，都对学业自我效能感无显著影响。

表4-3的结果显示，初中生在线学习中，不同的父母参与方式对学生非认知中的学业自我效能感的作用不同。强化对学业自我效能感无显著影响，而鼓励、示范和指导显著正向影响学业自我效能感。

此发现与面授学习中的研究结果一致。面授学习中，父母的自主性支持能够显著预测学生学业自我效能感，父母的控制性支持会对学业自我效能感带来负向作用（Grijalva-Quiñonez et al.，2020）。本书中的鼓励、示范和指导属于自主性支持。父母鼓励子女克服困难，提供示范做出表率，或者给予操作层面的指导，能够有效帮助学生跨越学习障碍，提高解决问题的信心。强化归为控制性支持，是父母在子女具有特定行为后才有的情感回馈。随着子女年龄的增长，这种强化的参与方式，会受到学生尤其是青春期学生的抵制。它削弱了自主性发展的内在需求，也降低了子女承担并完成任务的信心。

班杜拉指出，社会环境可以通过替代性学习经验和支持性沟通影响青少年的自我效能感。父母作为青少年社会系统的重要组成部分，其与子女的互动不仅能够影响子女的自我效能感，为青少年调整自我效能感的观察模型提供参考，还能促进青少年的经验掌握和社会建模（Bandura，2012）。因此，父母的指导和鼓励对青少年的学业自我效能感有积极的影响（Yap & Baharudin，2016）。当青少年的能力受到鼓励和肯定时，他们就会减少自我怀疑，更努力地朝着目标奋斗，并在困难时坚持下去（Fan & Williams，2010）。尽管青春期的学生正处于渴望独立、发展个性的阶段，施瓦茨（Schwarz）对中国、美国等11个国家的跨文化分析表明，对于10~14岁的学生而言，父母给予的温暖和支持仍是必不可少的（Schwarz et al.，2012）。因此，本书回应了施瓦茨的研究，并明确指出了父母参与中的自主性支持，对学生非认知能力中的学业自我效能感具有显著的正向作用。

模型四的控制变量中，家庭特征的亲子关系，学校特征的学校管理方式，学生特征的学习能力、感受到的亲子关系、感受到的育儿参与度均对学生的学业自我效能感具有显著的预测作用。其中，学生的学习能力在控制变量中对学业自我效能感的预测作用最大。这反映了学习成绩优异的学生往往具有较高的学业自我效能感。

2. 在线学习中的父母参与对学习动机的影响

本书以在线学习中父母参与的四个维度为自变量，以学生的学习动机为因变量，建立了多元回归模型五。加入家庭特征、学校特征和学生特征作为控制变量后，建立了多元回归模型六。回归的结果汇总见表4-4。

回归模型五的容忍度为0.195~0.296，方差膨胀系数为3.375~5.122，说明自变量之间没有多重共线性。调整后的R^2为0.298，说明模型五具有一定的解释力。回归模型六的容忍度为0.191~0.958，方差膨胀系数为1.040~5.232，说明自变量之间没有多重共线性。调整后的R^2为0.381，说明模型六具有一定的解释力，且比模型五的解释力更强。

表 4-4　在线学习中的父母参与各个维度对学习动机的回归分析

变　量			模型五	模型六
因变量	父母参与	鼓励	0. 170*** (0. 131)	0. 121*** (0. 125)
		示范	0. 111* (0. 161)	0. 046 (0. 153)
		强化	0. 058 (0. 210)	0. 024 (0. 199)
		指导	0. 248*** (0. 171)	0. 229*** (0. 162)
控制变量	家庭特征	户口类型	—	0. 028 (1. 252)
		家庭收入	—	-0. 029 (0. 381)
		职业类型	—	-0. 007 (0. 115)
		受教育程度	—	-0. 031 (0. 231)
		亲子关系	—	-0. 117*** (0. 195)
		父母是否有在线学习经历	—	0. 051 (0. 801)
	学校特征	学校管理方式	—	0. 178*** (0. 148)
		教师行为方式	—	0. 040 (0. 205)
	学生特征	性别	—	0. 002 (0. 682)
		年级	—	-0. 001 (0. 463)
		是否有在线学习经历	—	-0. 030 (1. 544)
		学习能力	—	0. 100*** (0. 432)
		感受到的亲子关系	—	0. 176*** (0. 205)
		感受到的育儿参与度	—	0. 086** (0. 195)

续表

变　　量	模型五	模型六
F	135.779***	44.484***
调整后的 R^2	0.298	0.381
样本量	1271	1271

注：( ) 内为标准误；* $p<0.05$，** $p<0.01$，*** $p<0.001$。

模型五的回归分析结果显示，鼓励、示范和指导对学习动机具有显著的正向影响。鼓励、示范和指导程度增加 1 个单位，学生的学习动机分别提高 17%、11.1%和 24.8%。加入控制变量后，示范对学习动机的影响不再显著，鼓励和指导依然对学习动机具有显著正向影响，且鼓励和指导程度每增加 1 个单位，学生的学习动机分别提高 12.1%和 22.9%。

模型五和模型六的分析结果说明，初中生在线学习中，父母参与的不同方式对学生的学习动机有不同的作用效果。鼓励和指导能显著正向影响学习动机，强化对学习动机无显著影响。示范在未加入控制变量的情况下，对学习动机有显著正向影响；加入控制变量后，示范对学习动机无显著影响。

此结果与面授学习下的结论一致。在面授环境中，父母参与的自主性支持能够增强学习动机，而控制性支持则会抑制学习动机。例如，学生在数学作业中感受到的自主性支持越多，表现出的任务持久性动机越强。而父母的控制对学生动机中的自我概念和持久性均存在抑制作用（Silinskas & Kikas，2019）。鼓励和指导作为自主性支持的父母参与方式，能增强学生的父母导向动机。钟（Cheung）和波梅兰茨（Pomerantz）在中美两国的中学生展开的实验发现，父母导向动机会让学生把父母的价值观内化，增强其主动性动机（Cheung & Pomerantz，2012）。强化作为控制性支持，固然也能增强父母导向动机，但带来更多的是学生的外部动机而抑制了内部动机。这些外部动机是为了满足父母老师的期望和获得表扬奖励而产生的，因而不具有持久性且容易消失。相比小学生，初中生的外部动机逐步降低，其学习动机更多表现为学习兴趣和学习任务价值所带来的内部动机（庞维国，2003）。因此，在线学习中，父母的控制性参与不会提高初中生学习的整体性动机，从而造成控制性支持对学习动机的无显著影响。事实上，为了减少亲子冲突，青春期学生的父母一般也确实会减少控制性支持（李丽，2004）。

模型六的控制变量中，家庭特征的亲子关系，学校特征的学校管理方式，学生特征的学习能力、感受到的亲子关系、感受到的育儿参与度均对学生的学习动机具有显著的正向预测作用。

二　和谐共存：父母参与和在线自主学习

面授学习中，有研究发现自主学习在父母参与和学业成就的认知之间具有显著的中介效应。马丁内斯·庞斯以 105 名 5~8 年级的学生为样本，收集了学生感知到的父母参与、学生自主学习和学习成绩数据（Martinez-Pons，1996）。路径分析的结果显示，父母参与与自主学习显著正相关，自主学习与学业成绩显著正相关。因此，自主学习显著调节了父母参与对学习成绩的影响。托马斯（Thomas）等学者探讨了初中一年级学生感知到的父母参与、自主学习与学习成绩之间的关系，该研究对 5939 份来自学生的自我报告的数据进行了分析。结果显示，学生感受到的父母参与显著正向影响自主学习的所有维度，所有自主学习的维度均显著正向影响学习成绩，自主学习在父母参与和学习成绩之间具有显著的中介效应（Thomas et al.，2019）。法鲁克（Farooq）和阿西姆（Asim）以 619 名巴基斯坦中学生为样本的研究发现，父母参与对学生的学业成绩具有直接或间接的影响，自主学习在父母参与和学业成绩之间具有部分中介效应（Farooq & Asim，2020）。两位研究者认为，父母可以在家提供发展自主学习的指导，让学生变得更加自律，从而促进学业进步。父母参与可能激发青少年对自主性的相关需求，增强其学习责任感（Farooq & Asim，2020）。可见，父母参与能通过学生的自主学习来预测学业成绩。

当然，以上文献研究存在的共同问题是，父母参与和自主学习的数据都来自学生的自我报告。马丁内斯·庞斯就提到他的数据收集方式可能是造成父母参与和自主学习显著相关的原因（Martinez-Pons，1996），并且研究主要讨论的是相关性而非因果性。因此关于自主学习在父母参与和学业成就之间具有中介效应的结果就说服力不足（Martinez-Pons，1996）。托马斯等学者虽然采用了回归分析，证明了自主学习在父母参与和学习成绩之间具有中介效应，但也难以避免数据都从学生处收集所带来的不准确性（Thomas et al.，2019），还有研究发现学生对父母参与的感知与实际父母参与之间可能存在差距（Black，2009；Stovall，2015）。

为弥补以往研究的不足，本书运用 AMOS 23.0 建立了初中生在线学习中的父母参与－在线自主学习－学业成就结构模型（Parental Involvement-Online Self-Regulated Learning-Academic Achievement Structural Equation Model，PI-OSRL-AA SEM），如图 4-1 所示。在线学习中的父母参与作为二阶潜变量，由鼓励、示范、强化和指导四个一阶潜变量来表示。在线学习中的父母参与二阶测量模型分析中显示与数据拟合良好（见附录四），因此可以作为建立 PI-OSRL-AA SEM 的基础。

PI-OSRL-AA SEM 通过拟合度检验后（见附录六），对其路径的参数估计见表 4-5。模型中，父母参与为外因变量，在线自主学习为中介变量，认知、学业自我效能感和学习动机为内因变量。结果显示，所有变量间的路径系数除父母参与对认知的参数估计不显著外，其他参数估计值均在 0.001 水平上显著，且具有较小的标准误。

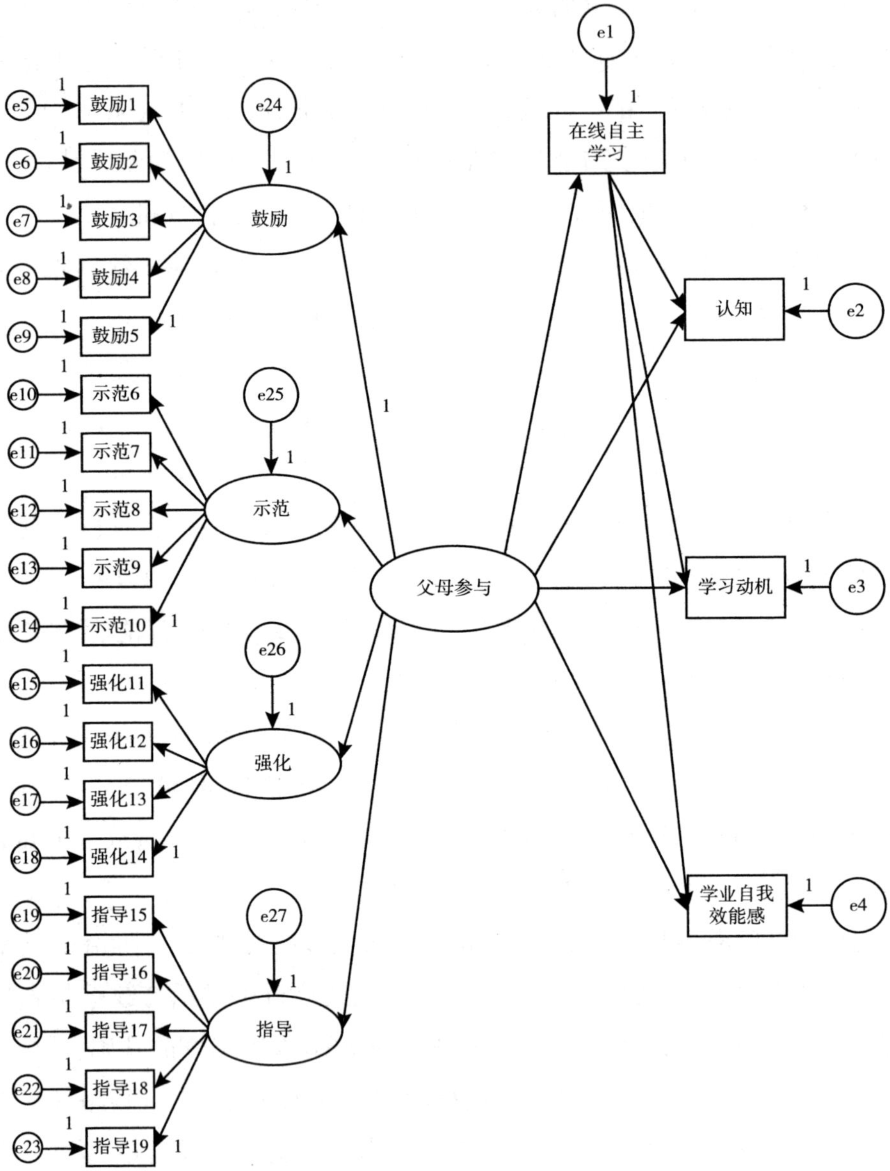

图 4-1　父母参与-在线自主学习-学业成就结构模型

(PI-OSRL-AA SEM)

表 4-5　PI-OSRL-AA SEM 的路径参数估计摘要

路径	非标准化估计值	标准误（SE）	临界比（CR）	标准化估计值	显著性（P）
父母参与→在线自主学习	6.137	0.257	23.846	0.598	***
父母参与→示范	1.000			0.943	
父母参与→指导	0.845	0.023	36.496	0.933	***
父母参与→鼓励	0.869	0.024	36.632	0.890	***
父母参与→强化	0.954	0.022	43.763	0.946	***
鼓励→鼓励 5	1.000			0.883	
鼓励→鼓励 4	1.043	0.020	51.301	0.926	***
鼓励→鼓励 3	1.069	0.022	48.039	0.900	***
鼓励→鼓励 2	1.089	0.028	39.349	0.818	***
鼓励→鼓励 1	1.086	0.023	46.417	0.887	***
示范→示范 6	1.000			0.914	
示范→示范 7	0.946	0.017	56.742	0.920	***
示范→示范 8	0.987	0.017	57.283	0.923	***
示范→示范 9	1.003	0.016	61.638	0.944	***
示范→示范 10	0.981	0.016	60.193	0.937	***
强化→强化 14	1.000			0.928	
强化→强化 13	1.002	0.016	61.223	0.931	***
强化→强化 12	0.980	0.018	55.755	0.905	***
强化→强化 11	0.969	0.019	51.370	0.880	***
指导→指导 15	1.000			0.840	
指导→指导 16	1.053	0.022	47.088	0.939	***
指导→指导 17	1.068	0.023	45.878	0.926	***
指导→指导 18	1.051	0.022	47.115	0.939	***
指导→指导 19	1.077	0.023	46.778	0.935	***

续表

路径	非标准化估计值	标准误（SE）	临界比（CR）	标准化估计值	显著性（P）
父母参与→学业自我效能感	2.788	0.281	9.936	0.207	***
父母参与→学习动机	2.953	0.393	7.520	0.183	***
在线自主学习→学业自我效能感	0.976	0.037	26.282	0.622	***
在线自主学习→学习动机	0.901	0.026	34.116	0.685	***
父母参与→认知	0.116	0.537	0.217	0.008	0.829
在线自主学习→认知	0.251	0.051	4.916	0.172	***

注：* $p<0.05$，** $p<0.01$，*** $p<0.001$。

1. 父母参与对在线自主学习的影响

表 4-5 的结果显示，父母参与对在线自主学习产生影响的标准化路径系数为 0.598，且在 0.001 水平上显著，说明父母参与对在线自主学习具有显著的正向影响。

2. 父母参与对于非认知的影响

非认知在本书中由学业自我效能感和学习动机组成，因此父母参与对于非认知的影响分解为父母参与对于学业自我效能感的影响，以及父母参与对于学习动机的影响。

表 4-5 中，父母参与对学业自我效能感的标准化路径系数为 0.207，并在 0.001 水平上显著。此结果说明，父母参与对学业自我效能感具有显著的正向影响。父母参与对学习动机的标准化路径系数为 0.183，且在 0.001 水平上显著，说明了父母参与对学习动机有显著的正向影响。从路径系数的比较来看，父母参与对学业自我效能感的影响大于父母参与对学习动机的影响。

3. 在线自主学习对非认知的影响

在线自主学习对非认知的影响体现为在线自主学习对学业自我效能感和学习动机的影响。表 4-5 的结果显示，在线自主学习对学业自我效能感影响的标准化路径系数为 0.622，且在 0.001 水平上显著，即在线自主学习对学业自我效能感具有显著正向影响。在线自主学习对学习动机影响的标准化路径系数为 0.685，且在 0.001 水平上显著，说明在线自主学习对学习动机具有显著正向影响。从路径系数的比较来看，在线自主学习对学习动机的影响略大于对学业自我效能感的影响。

4. 父母参与对认知的影响

表 4-5 的结果显示，父母参与对认知影响的标准化路径系数为 0.008，且不显著，说明父母参与对认知没有显著影响。

5. 在线自主学习对认知的影响

表 4-5 的结果显示，在线自主学习对认知影响的标准化路径系数为 0.172，且在 0.001 水平上显著。说明在线自主学习对认知具有显著正向影响。

（一）父母参与、在线自主学习和认知

本书采用 Bootstrap 法对中介效应进一步分析，以探讨中介变量所带来的直接效应及间接效应，以及中介效应在总效应中的占比（Preacher & Hayes，2004）。抽样次数 1000 次，置信区间选取 95%，当结果不包含 0 时，说明路径系数具有统计学意义。

表 4-6 为在线自主学习在父母参与和认知之间的中介效应分析结果。Bootstrap 方法进行检验的结果表明，采用偏差校正（Bias-Corrected）和非参数百分位（Percentile）程序的 95% 置信区间包含 0，且 Z 小于 1.96，即父母参与对认知没有直接效应。但是父母参与对认知产生影响的间接效应和总效应路径系数对应的 Bias-Corrected

和 Percentile 程序的 95%置信区间不包含 0，且 Z 大于 1.96。所以在线自主学习在父母参与和认知之间起到完全中介（Complete Mediation）作用。完全中介效应是变量具有中介作用最强有力的证据（Baron & Kenny，1986）。此结果表明，初中生在线学习中，父母参与对认知没有直接的显著影响，需要提高学生的在线自主学习能力，才能有效促进学生的认知发展。

表 4-6　在线自主学习在父母参与和认知之间的中介效应分析

中介效应路径	点估计值	系数相乘积		Bootstrapping					
		Product of Coefficient		Bias-Corrected 95% CI			Percentile 95% CI		
		SE	Z	Lower	Upper	P	Lower	Upper	P
总效应									
父母参与→认知	1.659	0.592	2.802	0.645	3.083	0.002	0.609	3.001	0.003
间接效应									
父母参与→认知	1.542	0.352	4.381	0.908	2.331	0.002	0.903	2.310	0.002
直接效应									
父母参与→认知	0.116	0.623	0.186	-1.025	1.447	0.777	-1.119	1.353	0.863

（二）父母参与、在线自主学习和非认知

在线自主学习在父母参与和非认知的学业自我效能感之间的中介效应分析结果显示（见表 4-7），采用 Bias-Corrected 和 Percentile 程序的 95%置信区间均不包含 0，且 Z 大于 1.96，即所有路径系数均显著。因此，在线自主学习在父母参与和非认知的学业自我效能感之间

起到部分中介（Partial Mediation）作用，并占总效应的64%。此结果表明，父母参与对学业自我效能感具有直接的显著影响，若父母参与能促进学生的在线自主学习，就能进一步增强父母参与对学业自我效能感的影响。

表 4-7 在线自主学习在父母参与和学业自我效能感之间的中介效应分析

中介效应路径	点估计值	系数相乘积		Bootstrapping					
		Product of Coefficient		Bias-Corrected 95% CI			Percentile 95% CI		
		SE	Z	Lower	Upper	P	Lower	Upper	P
总效应									
父母参与→学业自我效能感	8. 320	0. 552	15. 072	7. 320	9. 536	0. 001	7. 296	9. 491	0. 002
间接效应									
父母参与→学业自我效能感	5. 331	0. 509	10. 473	4. 507	6. 503	0. 003	4. 564	6. 540	0. 002
直接效应									
父母参与→学业自我效能感	2. 788	0. 641	4. 349	1. 65	4. 38	0. 001	1. 575	4. 099	0. 002

在线自主学习在父母参与和非认知的学习动机之间的中介效应分析结果显示（见表 4-8），采用 Bias-Corrected 和 Percentile 程序的95%置信区间均不包含0，且Z大于1.96，即所有路径系数均显著。因此，在线自主学习在父母参与和非认知的学习动机之间，起到部分中介作用，其占总效应的67%。此结果表明，父母参与对学生的学

习动机具有直接的显著影响。若父母参与能促进学生在线自主学习，则会进一步提高其学习动机。

表 4-8 在线自主学习在父母参与和学习动机之间的中介效应分析

中介效应路径	点估计值	系数相乘积		Bootstrapping					
		Product of Coefficient		Bias-Corrected 95% CI			Percentile 95% CI		
		SE	Z	Lower	Upper	P	Lower	Upper	P
总效应									
父母参与→学习动机	8.946	0.599	14.935	5.023	7.030	0.002	5.011	6.983	0.002
间接效应									
父母参与→学习动机	5.993	0.502	11.938	5.023	7.030	0.002	5.011	6.983	0.002
直接效应									
父母参与→学习动机	2.953	0.695	4.249	1.65	4.381	0.001	1.591	4.284	0.002

三 “父母参与–在线自主学习–学业成就”中介效应模型的稳定性检验

本书之前的分析结果表明，初中在线学习中，不同性别的学生，其父母参与总体及示范、强化和指导上具有显著差异。也有研究认为，不同性别的初中生自主学习具有显著差异（赵幸莲，2019）。那么，父母参与对学业成就的影响中，在线自主学习是否在不同性别的初中生群体里发挥了同样的中介作用？因此，本书采用 AMOS 23.0

的多群组分析，对 PI-OSRL-AA SEM 进行模型稳定性检验。1271 份样本被分为两组，包括初中男生及其父母的配对样本 665 份和初中女生及其父母的配对样本 606 份。

导入不同性别群组的数据，建立 PI-OSRL-AA SEM 的多群组分析模型后，为检验模型不变性，可限制的参数有（吴明隆，2010a）：

①测量系数（Measurement Weight）相同：设定多群组模型的因子负荷量或回归系数相等。

②增列结构系数（Structural Weights）相同：结构系数为模型中的路径系数。此参数限制是设定结构模型中，外因变量对内因变量的回归系数，或潜在中介变量对内因变量的回归系数相等。

③增列结构协方差（Structural Covariances）相同：设定结构模型中的协方差矩阵相同。

④增列结构残差（Structural Residuals）相同：设定结构模型中的内因变量的残差值或误差值的方差相等。

⑤增列测量误差（Measurement Residuals）相同：设定各指标变量的误差值的方差相等。

1. 模型适配度检验

本书对多群组分析模型进行了样本数据与模型的适配度检验，结果见表 4-9。多群组模型不变性的检验，需要按照参数限制从宽松到严格的逻辑次序。因此表 4-9 中，M0 是未加以限制的基线模型；M1 在 M0 的基础上，设定测量系数相同；M2 在 M1 的基础上，设定结构系数相同；M3 在 M2 的基础上，设定结构协方差相同；M4 在 M3 的基础上，设定结构残差相同；M5 在 M4 的基础上，设定测量误差相同。从表 4-9 的结果可见，各个模型的参数指标中，除了$\chi 2/df$容易受到样本量的影响而略大于 5 外，RMSEA 均小于 0.08，CFI、TLI、IFI、NFI、RFI 均大于 0.9，即各个模型的适配情况良好。

表 4-9 PI-OSRL-AA SEM 多群组模型适配度检验摘要

模型	RMSEA	CFI	TLI	IFI	NFI	RFI	χ2/df
M0	0.057	0.951	0.944	0.951	0.940	0.931	5.086
M1	0.056	0.950	0.945	0.950	0.938	0.933	5.001
M2	0.056	0.949	0.946	0.949	0.937	0.933	4.985
M3	0.056	0.949	0.945	0.949	0.937	0.932	5.016
M4	0.056	0.948	0.945	0.948	0.936	0.932	5.024
M5	0.058	0.942	0.941	0.942	0.930	0.929	5.302

2. 模型稳定性检验

本书采用嵌套模型比较检验了模型的稳定性。假设基线模型 M0 是正确的，M1 至 M5 分别与 M0 进行嵌套模型比较。嵌套模型中，由于模型卡方值的差异量△χ2与χ2一样，结果容易受到样本量的影响。当各群组的样本量较大时，△χ2容易显著，使两个没有差异的模型变得有显著差异，所以需要考虑其他变量，如△TLI、△IFI、△NFI和△RFI（吴明隆，2010a）。这四个指标的绝对值需要小于 0.05。另外，还可考虑△CFI。当△CFI 绝对值小于 0.01 时，则认为两个被比较的模型之间没有显著差异。

从表 4-10 的嵌套模型比较结果来看，虽然各个模型的△χ2显著，但△RMSEA、△CFI、△TLI、△IFI、△NFI 和△RFI 的绝对值均小于 0.01，即模型具有不变性。另外，从竞争性模型策略来看，AIC 和 EVIC 指标最小的模型是最优模型。因此，M1 测量系数模型是在假定 M0 基线模型是正确的前提下的最优模型。

表 4-10 PI-OSRL-AA SEM 嵌套模型比较（假定 M0 基线模型是正确的）

模型	△χ2	P	△RMSEA	△CFI	△TLI	△IFI	△NFI	△RFI	AIC	EVIC
M1	56.871	0.000	-0.001	-0.001	0.001	-0.001	-0.002	0.002	2499.252	1.969
M2	79.340	0.000	-0.001	-0.002	0.002	-0.002	-0.003	0.002	2509.721	1.978
M3	99.184	0.000	-0.001	-0.002	0.001	-0.002	-0.003	0.001	2527.565	1.992
M4	122.970	0.000	-0.001	-0.003	0.001	-0.003	-0.004	0.001	2543.351	2.004
M5	377.173	0.000	0.001	-0.009	-0.003	-0.009	-0.010	-0.002	2751.554	2.168

以上多群组分析结果表明，PI-OSRL-AA SEM 在不同性别的初中生群体之间具有稳定性。可见，在线自主学习在初中生父母参与对其学业成就的影响中所起到的中介效应具有普遍适用性，并能在不同性别的初中生及其家长中进行推广。

四　小结

为回答本书的第三个问题，本章将初中生在线学习中的父母参与分为鼓励、示范、强化和指导四个维度。青少年社区参与模型告诉我们，父母的积极参与能促进学生在线学习中的情感、行为、认知的参与，从而带来成绩的变化和技能的提升（Borup et al.，2020a）。在本书中，这种变化和提升体现为认知和非认知两个层面。其中，非认知由学业自我效能感和学习动机组成。因此，有关父母参与对学业成就的影响，本书以父母参与为自变量，分别以认知、学业自我效能感和学习动机为因变量，进行了回归分析，结果如下。

首先，从初中生在线学习中的父母参与对其认知的影响来看，父母参与的各个维度对认知无显著影响。其中，未控制变量的模型一与控制了家庭特征、学校特征、学生特征的模型二，经多元线性回归后的结果均显示，初中生在线学习中的父母参与各维度对认知无显著影响。现有研究里，关于在线学习中父母参与对认知的影响，并无一致性结论。本研究则支持了在线学习中父母参与对认知无显著影响的观点（Bocian，2016），并印证了布莱克在美国高中生在线学习中基于452 份大样本的研究结果（Black，2009）。本研究没有发现父母参与的某些维度对认知具有显著作用。但鼓励和示范的回归系数为正，指导和强化的回归系数为负，表明在线学习中的父母参与的不同维度对认知存在不同的作用效果。布莱克和纳亚尔的研究结果中亦有类似的体现（Black，2009；Nayar，2021）。另外，指导和强化同认知显示出的负相关关系，反映了父母面对初中生时，确实存在知识和技能上的不足。沃特斯认为，在线学习中的父母角色是“学习教练”。父母需要为学生搭建个性化的学习环境，并提供适时的指导和帮助，但其中最大的挑战之一就是技能（Waters，2012）。若学校或教师未能提供指导，父母就很可能因为不清楚正确的参与方式而无法提高学生的学习成绩。

其次，从初中生在线学习中的父母参与对非认知中的学业自我效能感影响来看，父母的鼓励、示范和指导对学业自我效能感具有显著正向影响。未控制变量的模型三和控制了家庭特征、学校特征、学生特征的模型四，其多元线性回归分析的结果均表明鼓励、示范和指导显著正向影响初中生的学业自我效能感，而强化对初中生的学业自我效能感无显著影响。鼓励、示范和指导作为自主性支持，其水平越高，学生就越能感受到父母的关爱和支持。学生天生对学习感兴趣。当父母参与其中并表现出浓厚兴趣时，学生就有可能采取掌握目标导向（Mastery Goal Orientation）的学习方式，愿意接受学业挑战，并因此获得学业满足感（Gonzalez-DeHass et al.，2005）。受到父母肯定和鼓励的学生，也会更努力地克服困难并实现目标（Fan & Williams，2010）。在班杜拉看来，父母与学生的互动能够有效促进学生的自我效能感的提高（Bandura，2012）。强化属于控制性支持。对于初中生而言，强化对其自主性发展形成了抑制，降低了其完成任务的自信心，也使其难以促进学业自我效能感的提高。

最后，从初中生在线学习中的父母参与对非认知中的学习动机影响来看，父母的鼓励和指导对学习动机具有显著正向影响。对未控制变量的模型五进行多元线性回归后发现，父母的鼓励、示范和指导对学生的学习动机有显著的正向影响。增加了家庭特征、学校特征和学生特征作为控制变量后的模型六，经多元线性回归后发现，示范对学生的学习动机不再具有显著影响，父母的鼓励和指导仍然对学生的学习动机具有显著的正向影响。在模型五和模型六中，强化均未对学习动机产生显著影响。当父母参与被分为自主性和控制性两种支持方式后，作为自主性支持的鼓励和指导，能增进学生的自我控制来令其避免惩罚并获得奖励。同时，学生在自主性支持下，将更好地内化父母的价值观，从而提高学习动机（Cheung & Pomerantz，2012）。强化作为控制性支持，会以入侵和干涉的方式给学生带来消极的感受，抑制学习动机（Silinskas & Kikas，2019），从而呈现对学习动机无显著影响。

因此，初中生在线学习中的父母参与对学生的认知无显著影响。父母参与中的自主性支持对学生非认知发展有显著正向影响，而控制性支持对非认知发展无显著影响（分析结果见附录七）。

另外，本章采用多群组分析，对 PI-OSRL-AA SEM 的稳定性进行了讨论。按照性别，本研究将所有数据分为男生和女生两组建立多群组模型。分析结果显示，除了$\Delta\chi 2$受样本量影响显著外，与基线模型 M0 相比的各个模型参数指标绝对值变化量均小于 0.01，即模型在初中不同性别的学生群体中具有稳定性。因此，初中生在线自主学习在父母参与对学业成就影响中发挥的中介效应可在不同性别的初中生及其父母中推广。

第五章　领跑数字化学习时代的父母参与

一　影响父母参与的关键因素

父母参与受到诸多因素的影响。在初中生在线学习中，不同家庭特征、学校特征和学生特征下的父母参与水平存在显著差异，主要受家庭中等收入、教师行为方式和学生感受到的亲子关系的影响。其中，学生感受到的亲子关系对父母参与水平的影响力最大。

在家庭收入、父母受教育程度和亲子关系这些家庭特征的不同水平上，父母参与总体得分及其四个维度得分存在显著差异。在学校特征中，在学校管理方式和教师行为方式的不同水平上，父母参与总体得分及其四个维度得分存在显著差异。在学生特征中，在学生感受到的亲子关系、学生感受到的育儿参与度、学生在线学习经历和学习能力的不同水平上，父母参与总体得分及其四个维度得分存在显著差异。此外，不同性别的学生在父母参与总体得分及示范、强化和指导维度上存在显著差异。与以往研究发现不同，本书发现不同年级学生的父母参与总体得分及其四个维度得分之间无显著差异。为进一步探究造成父母参与水平显著差异的关键影响因素，本书建立了多元回归模型。结果表明，家庭特征中，家庭中等收入对于父母参与总体及示范、强化和指导具有显著正向影响。学校特征中，教师行为方式对父母参与总体及四个维度具有显著正向影响。学生特征中，学生感受到的亲子关系对父母参与总体及四个维度具有显著正向影响，且在父母参与所有影响因素中的影响力最强。

综上，在初中生在线学习中，亲子关系是影响父母参与的关键因素。亲子关系对子女和父母有双向作用，既有助于子女的健康成长，也可以加速父母的社会化过程（李燕，2005）。良好的亲子关系就像孵化器（刘保中等，2015），能增强中学生父母参与的自信心（李佳哲和胡咏梅，2021）。科尔曼认为这种代际互动是子女获得父母社会资本的前提，只有被子女充分感知并且接受，才能让子女从父母的社会资本优势中受益（罗良等，2014）。可见，融洽的亲子关系不仅能促进父母的持续参与，也能让学生最终成为父母参与的受益者。

同时，我们也不能忽视在线学习中阶层差异对父母参与的影响。有关面授学习的研究认为，父母参与存在阶层差异。子女教育成功的最大解释变量是家庭的社会遗传，即家庭的社会经济地位。处于优势阶层的父母，在父母参与问题上更倾向于协作培养。他们力图主导和控制教育的主动权，表现为积极参与子女教育。相反，弱势阶层的父母表现为消极参与（安尼特·拉鲁，2014）。这会导致优势阶层子女会从父母参与中获益更多，从而造成教育的不公平。正如本书发现，随着父母收入和受教育程度的提高，在线学习中的父母参与水平逐步提高。因此，在线学习中，阶层差异带来的父母参与差异依旧存在。“教师式父母”是父母参与在线学习的重要特点。他们需要具有知识和技能，为学生提供个性化的资源和指导。显然，这是弱势阶层父母力所不能及的。以推动教育公平为目标的在线学习，有可能会因父母参与的阶层差异而导致新的不公平。

2022 年 3 月 28 日，“国家中小学智慧教育云平台”正式上线，旨在确保我国基础教育的高质量均衡发展，也标志着我国基础教育阶段的在线学习进入了新常态。因此，本书建议政府出台相关政策，提高弱势阶层父母参与子女在线学习的意识，增进并指导其参与行为，以弥补家庭的社会遗传为子女带来的消极影响。

二 父母参与的价值

（一）父母参与和学生发展

初中生在线学习中，父母参与对学生的学业成就具有混合的影响。学业成就在研究中被分为认知和非认知两个维度。按照教养风格，将父母参与四个维度中的鼓励、示范和指导定义为自主性支持，强化定义为控制性支持（Grijalva-Quiñonez et al.，2020）。分析结果显示，认知方面，父母参与各个维度均对其无显著影响；在非认知方面，自主性支持的鼓励、示范和指导对非认知中的学业自我效能感具有显著正向影响，控制性支持的强化对初中生的学业自我效能感无显著影响。此外，自主性支持中的鼓励和指导对非认知中的学习动机具有显著正向影响。

从以上分析可知，初中生在线学习中的父母参与对学生的学业成就发挥了重要的促进作用，尤其有助于非认知能力的发展，并体现为自主性支持。正如波梅兰茨等学者所指出的，父母参与存在技能发展和动机发展两种模式（Pomerantz et al.，2007）。前者关注认知和元认知的提升，后者主要针对学习动机和学业自我效能。随着学生年龄的增长，在线学习中，父母对初中生认知和元认知的技能发展的作用减弱，已经无法带来学生认知能力的显著提高。但是父母可以用一种更有动力的参与方式促进学生的学习动机和自我效能感的发展，如对学生的学习表现出兴趣、和他们畅谈未来学业及未来生活等（Thomas et al.，2019）。

因此，对于初中生的在线学习，父母应该表现为逐步退后而不是退出（Mark Stevens & Borup，2015），并转向设定更高的教育期待和营造良好的学习氛围（Boonk et al.，2018），即以参与来促进动机发展（Thomas et al.，2019）。为促进动机的发展，父母参与需侧重于支持学生在线学习的自主性（Curtis，2013）。本书认为，鼓励、示范和指导作为父母提供的自主性支持，通过提高学生克服困难的信心，能够增强非认知能力中的学业自我效能感和学习动机（Cheung & Pomerantz，2012）。强化作为控制性支持，因抑制了自主性需求而无法促进初中生在线学习中的非认知能力发展。

父母要满足学生自主性发展的需求，为其提供更多独自决策的机会。这不仅有利于促进学生的非认知能力，有助于避免学生过早社会化，还有助于建立同伴关系而寻求自主控制机会（Eccles，2010）。父母对子女的最佳控制水平应该响应并促进子女发展中增加的独立性和自主性。新近出台并执行的《中华人民共和国家庭教育促进法》，旨在引导全社会重视家庭教育。它将血缘关系带来的父母的天然权力升级到了法律权力层面，同时也对父母提出了更高的要求。因此，面对处于青春期早期的初中生和新的学习环境，父母要适时增加自主性支持，以不被认为是侵入性或控制性的方式，从发展学生技能转向促进学生的学习动机和学业自我效能感。

（二）父母参与和在线自主学习

初中生在线学习中，父母参与不同维度对在线自主学习存在不同影响。虽然父母参与总体对在线自主学习总体及其四个维度具有显著的正向影响，但主要体现为父母自主性支持的鼓励、示范和指导所带来的显著的正向影响。而父母参与控制性支持的强化维度，则对在线自主学习总体及四个维度均无显著影响。

初中生在线学习中，父母参与是提升在线学生自主学习能力的必由之路。齐莫曼的自主学习理论认为，个体很难自行发展自主调节能力，而是会历经观察水平、模仿水平和自我控制水平的提高，从而达到自我调节，实现自主学习（Zimmerman，2000）。观察水平是各种运动技能和知识技能的起点。学生需观察周围父母、教师、教练或有专业知识的同龄人的学习模型，才能对自己的技能进行规划。当学生试图让自己的表现接近学习模型时，就达到了模仿水平。父母给予的示范，在教师缺席的线上学习环境下，能为学生提供最便利的观察和模仿的范本。在技能掌握的过程中，父母给予的指导，能帮助学生进行自我观察，不断改进自我表现，逐步提高自我控制水平。当学生能系统性地调整自身表现，适应不断变化的个体和环境，达到自我调节水平时，父母的鼓励亦能激发其克服困难，完成不断循环迭代的自主学习过程。

相比于小学阶段，初中生的在线自主学习能力尚处于过渡时期，还离不开父母的参与（王晶莹和杨伊，2020）。尤其当自主学习作为以学习动机为基础的主动学习方式时，任何学习兴趣的缺乏都会导致自我调节功能的障碍。父母参与能让学生感到备受关注，并提高对技能和结果的重视程度。有效的调节需要在既定目标下，专注、努力和仔细地自我反省。只有学生充分意识到事情的价值并重视反思，才能启动自主学习。因此，初中生在线学习中的自主学习能力发展离不开父母的鼓励、示范和指导。

所以，学校要重视父母对初中生在线自主学习的促进作用。

教育部发布的《关于大力加强中小学线上教育教学资源建设与应用的意见》文件，强调了学校在学生自主学习方面所起到作用。本书则指出，父母也是促进初中生在线自主学习的重要因素。自主化的重要过程就是从他律走向自律（庞维国，2003）。在齐莫曼自主学习理论下，父母是促进子女社会化的重要外部动因。初中生处于自主学习能力发展阶段，并开始运用复杂的学习策略，如制定学习计划和进行进度监督等。但心智的不成熟，经常令他们的自主性表现不够稳定，使其学业表现出现波动。尤其是，当学习环境是较为开放的在线学习时，自律性的缺乏就很容易导致学习失败。父母是子女在线学习最好的“学习教练”（Waters，2012）。他们的潜移默化抑或是循循教导，都能够让子女逐步整合这些指导和干预并内化为自主的能力。

本书认为，学校有必要将父母纳入学生在线学习的管理体系中，以教师为桥梁，通过家校合作，鼓励父母继续同子女保持紧密的亲子关系并积极参与子女的线上学习活动。因为，学生并不会由于同父母的疏离而更具自主性。事实上，自主性高的青少年与父母有更亲近的关系。不少研究发现，权威型父母才能培养具有自主性、责任心和自尊心的子女。他们会积极参与子女的学习，并对其行为做出规范，制定标准，但也有讨论的余地。这种渐变的家庭关系，给予了青少年更多自主性，鼓励他们勇于承担责任，却不会威胁到父子之间的情感纽带。父母能够在参与子女学习的过程中，建立灵活的、不断调整的家庭关系，从而促进青少年的自主性发展（斯坦伯格等，2015）。唯有在父母营造的结构化环境中长大的学生，才更有能力调节自己的学习和生活，善用在线学习释放的自由度（Tiniakou et al.，2018）。

总之，学校要将在线学习中的家校合作制度化和常态化。让父母在新的学习环境下依然保持积极参与，并为学生提供一定规则下的发展自我、决定自我的机会。

（三）父母参与有效性的秘诀

初中生在线学习中，在线自主学习在父母参与对学业成就的作用中，具有显著的中介效应。在线自主学习在父母参与和学生认知能力之间，具有完全中介效应，凸显了在线环境中父母培养学生在线自主学习的重要性（Lowes & Lin，2015）。父母的鼓励、示范、强化和指导可以通过促进在线自主学习，显著提高学生认知能力。分析结果还发现，在线自主学习在父母参与和学生的非认知能力之间，具有部分中介效应。父母参与通过促进初中生在线自主学习，给予学生空间去安排和构建自己的学习生活，这有助于提高学生的学习动机和学业自我效能感。

初中生在线学习中，父母参与只有促进了在线自主学习这个关键中介，才能全面提高学生学业成就的认知和非认知能力。尤其是认知能力的提高，需要以父母促进在线自主学习发展为前提。面授学习环境中，父母参与能够通过促进自主学习来提高学生学业成就中的认知能力（Thomas et al.，2019）。法鲁克和阿西姆的研究显示，自主学习在父母参与和认知之间具有部分中介效应（Farooq & Asim，2020）。本研究与面授学习中的结论一致，并进一步发现，在线自主学习在父母参与和认知之间具有完全中介效应，并且在父母参与和非认知之间具有部分中介效应。这表明，学习场景从线下转为线上，自主学习将发挥更强的中介作用。远程教育的本质，就是一个社会互动的、建设性的和反思的过程（Shearer & Park，2019）。想获得更好、最优的学习效果和表现，学生必须能够进行自我调节并积极参与（Adam et al.，2017）。初中生并非成熟的学习者，还需要父母参与来提供全面支持（庞维国，2003）。

三 创新与展望

（一）创新

本书经过质性研究和量化研究两个阶段所形成的研究成果具有理论和实践两个层面的创新性。

1. 理论层面

本书引入在线自主学习，将其作为父母参与和学业成就之间的中介因素，所形成的理论框架，对探析初中生在线学习中的父母参与对学业成就影响的研究具有开拓性和创新性。现有父母参与相关理论，无论是交叠影响域理论和生态系统理论（张俊等，2019；李艳，2019），还是已被用于线上学习研究的父母参与过程模型（Hoover-Dempsey & Sandler，2005），都针对面授学习环境，且并未对线上学习环境进行更新。青少年社区参与模型作为目前专为研究青少年在线学习的唯一理论工具，自 2014 年正式提出以来，被博勒普等学者通过大量实证研究来验证和修订（Borup et al.，2015；Borup et al. 2019b；Borup et al.，2020a）。此模型认为线上学习中的父母参与是促进学生参与的重要方面，却未能阐释父母参与如何提高学生参与、进而提高学业成就的内在机制。本书的理论框架引入在线自主学习，既突出了在线学习的特点，也揭开了在线学习中父母参与对学业成就作用的“黑匣子”机制，即父母参与若旨在提高学生的在线自主学习能力，就能有效提高学生的学业成就。同时，当本书将父母参与可能存在的控制性和初中生自主性两个看似矛盾的因素放在一起时，反而能够真实准确地体现初中生在线学习离不开父母参与，而父母参与需要考虑学生自主性发展的现实。只有两者达到平衡，才能确保在亲子关系和谐的条件下，让学生的学业成就获得可持续性提高。此外，本书的理论框架对在线学习中的父母参与影响因素进行了新的梳理。父母参与过程模型认为，父母参与会受到自身动机信念、来自外部的参与邀请（学校、教师和学生），以及生活情景变量的影响（Hoover-Dempsey & Sandler，2005）。布莱克在美国高中生在线学习的父母参与研究中则发现，父母参与过程模型淡化的学生性别、种族和家庭社会经济地位对学生感受到的父母参与具有显著影响（Black，2009）。博勒普等学者认为，在线学习中的父母参与具有复杂性，并受到父母社会经济地位的影响（Borup et al.，2019b）。因此，基于大量的实证文献分析，本书归纳的在线学习中的父母参与影响因素，较好地概括了父母参与复杂性的主要原因，并对父母参与模型从线下扩展至线上，提供了修正父母参与影响因素的参考。同时，本书的理论框架将非认知因素作为学业成就的一部分，细化并完善了父母参与对学业成就的作用。面授学习中，有研究认为父母参与对学生认知和非认知能力具有影响，且效果不同（李波，2018）。已有在线学习中的父母参与研究则多关注认知（Black，2009；Nayar，2021）。非认知的纳入得以全面解释在线学习中父母参与的效果，也便于研究者剖析父母参与对于认知和非认知所起到的不同作用，并很好地回应了波梅兰茨等关于父母参与具有技能发展和动机发展两种模式的观点（Pomerantz et al.，2007）。

2. 实践层面

本书通过质性和量化两个阶段的研究，修订了中文版父母参与量表和在线自主学习调查量，构建了初中生在线学习的父母参与-在线自主学习-学业成就结构模型。修订后的父母参与量表信度和效度良好。此量表解决了我国目前缺乏在线父母参与测量工具的问题。当下，我国研究父母参与在线学习的文献屈指可数。虽然疫情给学者们提供了宝贵的研究基础教育阶段在线学习的机会，但仍没有合适的测量工具。这令有关父母参与的实证研究或者基于统计分析（付卫东和谭杰文，2020），或者未使用量表（靳小玲和王晓宇，2020），容易让分析结果的有效性受到质疑。本书修订后的父母参与量表为加速在线学习中的父母参与这一全新领域的研究提供了有力的工具支持。同时，修订后的在线自主学习调查量表信度和效度良好。此量表弥补了我国中学生在线自主学习测量工具的不足。原在线自主学习调查量表的开发就是针对大学生及其以上的成年人。该量表被我国学者引入汉化后，也仅用于大学生的在线学习研究（张成龙和李丽娇，2018），或者即使样本中包含 18 岁以下的学生，其样本量也在总样本量的 1/5 以下（张晓赫，2019），无法证明此量表在初中生中具有可用性。本书修订后的在线自主学习调查量表，有助于探析中学生在线自主学习的规律，以寻找提高学生的在线学习效果的路径。此外，父母参与-在线自主学习-学业成就结构模型解释了在线学习中的父母参与如何才能提高学生的学业成就，并发现父母参与只有促进在线自主学习才能全面促进学生学业成就中的认知和非认知。

（二）展望

数字化热浪席卷全球，并让未来世界充满了易变性（Volatility）、不确定性（Uncertainty）、复杂性（Complexity）和模糊性（Ambiguity）。我们也将其称之为乌卡时代。中国的父母在参与子女教育方面，倾其所有不吝付出者并非少数。然而，如何在乌卡时代培养驾驭复杂环境，面向未来，具有竞争力的子女？却是每个家庭面临的巨大挑战。尤其当数字化学习时代来临，在线学习日渐普及，并因疫情影响而进一步扩大时，不少父母对这种新的学习方式都表现出了前所未有的迷茫与焦虑。

2020 年，北京大学教育财政科学研究所在国内外发起了“100 位妈妈谈在线教育”的征文，生动地呈现了停课不停学期间，不同背景下的妈妈们参与子女在线学习时的困惑与思考。有的妈妈认为，网课是对亲子关系的最大考验。在线学习经验的缺乏，以及子女青春期的加持，常常令父母陷于进退维谷，不知如何参与才叫适度；有的妈妈将面授学习和线上学习生动比喻为正餐和快餐，认为正餐和快餐比例适当，才不至于“营养不良”；也有的妈妈指出，“期待神兽回笼”其实反映了父母离不开学校和制度化的教育系统。可悲之处在于，在诟病在线学习互动缺乏、效率低下时，父母似乎已经忘记了作为教育第一责任人的职责（张眉，2022）。这些特殊时期记录下的珍贵感悟，也让我们发现，父母参与其实已经悄然进入了新阶段。帮子女制定详细的时间作息表，监督计划的执行；时刻关注上课效果，并陪伴子女一起听课；果断切换为更适合的网课教学方式；整理电脑、清理内存，创造一个清爽的学习平台。这些参与形成，早已超出传统父母参与所研究的范畴。

> 从学习的时间管理开始吧，陪他一起制定了学习计划：每天7：30起床，上午完成几节课，什么时间锻炼身体……我想可能他是听不懂，或者是不会听课，不知道怎么抓重点，于是就打开视频和他一起听。
>
> 给孩子用电脑之前，家长要整理一遍电脑，跟孩子学习无关的内容要归纳整理压缩好，给孩子学习留出足够的内存空间，并且一定要装上网站净化软件，放弹窗软件。
>
> 一直以来，孩子只有双休日才能玩大概45分钟的游戏。网课让他几乎可以不分时间、不分场合地开玩，还与我同步玩着猫抓老鼠的游戏。没过多久，我果断停了他的大班网课，只得花大价钱，找老师一对一补课。
>
> ——引自《100位妈妈谈在线教育》（张眉，2022）

沃特斯的研究也发现，在线学习中的父母角色更复杂。父母通常认为自己是那个最终为学生提供指导的人，从而扮演了“学习教练”的角色。父母不会拘泥于某种教学形式以及教学计划，只会针对学生的反应给予反馈（Waters，2012）。除具有父母参与过程模型中的四个维度外，父母也会采用适应的方式，不断帮学生调整学习进度，甚至学习内容。沃特斯还认为，作为“学习教练”，父母愿意充分利用身边的资源，尤其是教师、外部专家以及互联网，提高自身的指导能力。本书虽然从自主性参与和控制性参与两个层面，采纳父母参与过程模型中父母参与的鼓励、示范、指导和强化的维度，对我国初中生在线学习中的父母参与及其作用机制和效果进行了刻画，但并未能展现出以上我国父母参与的丰富形式。

因此，首先，未来需要对这些多样化的父母参与形式进行深入讨论，以厘清父母与学生、教师的角色边界，重构线上学习中的教与学，最终达到多方协同，提升效果的目标。在线学习下，教学空间的分离，学生自主性的不足，使父母有了深度参与在线学习各个环节的机会。和沃特斯一样，汉妮（Hanny）也将在线学习中父母这种为学生提供全方位学习支持的角色称为“学习教练”。通过对 2000 年至 2021 年发表的 50 篇相关论文进行综述，汉妮发现“学习教练”的参与形式还包括父母用爱养育子女，构建学习空间，自学和备课，促进师生交流，监督学习计划实施，提供课程建议等（Hanny，2022）。当然，这些参与形式和教师角色存在某些雷同。父母在参与子女线上学习时，也往往容易忽略在线的教师。未来的研究，需要理解父母不同参与形式间的细微差别，降低父母和教师角色的重叠度，提高父母和教师的配合度。全面分析并承认父母参与的各种形式和价值，将有助于促进父母同教师、学校间的双向沟通。父母在担任“学习教练”方面的不足，也能通过学校和教师对其的培训，来减少因知识和技能缺乏为学生带来的认知困惑。

其次，未来需要考虑构建混合学习下的父母参与理论，以诠释复杂学习环境中的父母参与新模式。早期经典的父母参与理论产生于面授学习环境，如父母参与过程模型（Hoover-Dempsey & Sandler，2005）和交叠影响域理论（张俊等，2019）。这个时期，学生的学习场所被清晰划分为家庭和学校。教师主导学校教学，父母承担辅助角色并主要在家庭中参与学生学习。随着互联网技术的发展，在线学习在基础教育领域开始普及。以美国为代表的国家，将在线学习纳入公立教育，满足部分有特殊需求的学生。父母参与过程模型开始被研究者从线下应用于线上。在线学习中，父母参与的场所侧重在家庭。本书就在此模型的基础上，重新构建了初中生在线学习中的父母参与的分析框架。但正如前面提到的，本书尚未能涵盖丰富的父母参与形式，尤其是在我国教育情境下，未来的基础教育学习方式将会是线上和线下结合的混合学习。父母在学生切换学习模式时，需随时准备上场成为“学习教练”。现有理论或始于线下，或源自线上（Borup et al.，2014b），都无法解释这种混合模式下的父母参与特征及其作用机制。因此，混合学习下的父母参与理论将是未来理论研究的新方向。

最后，数字化学习时代父母参与阶层差异导致的教育不公平，依然是值得全社会关注的问题。本书肯定了在线学习中父母参与的价值，并发现父母参与的阶层差异仍然存在。拉鲁曾在书中展示了优势阶层是如何通过协作培养，不断投资，实现文化资本的代际传递。父母作为个体，无时无刻不在社会结构中进行着不平等的再生产。优势阶层的父母更重视家校合作，对子女有更高的教育期待。他们观察教师的教学行为和子女学习状态，并常在子女遇到问题时迅速采取行动，来进行教育干预。劣势阶层的父母则容易畏惧于学校和教师的权威，将学校教育和家庭教育割裂开。虽然表面上看，父母价值观和关注度导致了父母参与差异，但父母的学历、职业地位、收入和工作性质，才是父母具有差异性资源和行为倾向的源泉（安尼特·拉鲁，2014）。在线学习作为新的学习方式，父母要以“学习教练”或者“教师式父母”的角色参与。在混合学习中，父母要随时变身为“学习教练”。这都是对父母的极大挑战。优势阶层的父母从资源、能力和时间上更具抗风险能力。未来的研究需要在更大范围内，进一步分析在线学习中，父母参与的差异给学生带来的影响，尤其是我国农村地区学生在这次疫情期间的居家在线学习，所暴露出来的父母时间不足和技能欠缺的问题就十分明显。因此，今后值得进一步探究的是广大农村地区父母对支持子女在线学习所遇到具体问题，然后寻找弥补因父母条件差异给学生带来的学习损失。

我自己没什么时间教孩子，也不知道如何教。更多的时候是任由孩子自己发展，基本就交给老师了……受疫情影响，2020年春季学期迟迟不能开学，孩子每天在家看书、看空中课堂两方面一起进行学习。乡下的孩子基本都属于放养式的，家里老人都不大识字，帮不上忙。我们也忙于农活和其他工作，平时极少有时间能好好教导孩子，就偶尔监督一下孩子写作业。

站在家长的角度来看上网课也很辛酸。农村的生活本来就繁忙，每天洗衣做饭、伺候老人、喂养家畜、砍柴烧坑、田间劳作，再加上督促孩子上网课，真的是忙上加忙。

——引自《100位妈妈谈在线教育》（张眉，2022）

本书主要讨论的是正规学习中的父母参与。未来，泛在学习（U-learning）将成为大势所趋。联合国教科文组织2021年最新发布的《共同重新构想我们的未来：一种新的教育社会契约》就指出，学习永远不会结束，教育也必须进一步拓展与丰富，延伸至所有时间和空间。在学校以外的众多场所、在有计划的和自主安排的时间中，都将提供学习机会并鼓励学习。当处处可学、时时能学的方式真正融入教育时，父母参与可能会更加宽泛而无边界。但是，无论外部环境如何变幻，当我们回归教育的本质，最终目的就是引导学生完成自我发展。人生路漫漫，能呵护子女，并肩作战，经历风雨，走到最后的也将永远是父母。相信每位父母都能拥有智慧，成为数字化时代父母参与的领跑者。

附　　录

附录一　全国初中生在线学习中的父母参与情况调查问卷

全国初中生在线学习中的父母参与情况调查问卷

亲爱的家长、同学：

疫情常态化防控阶段，当在线学习成为教育的新常态，不知道您们有哪些感受愿意与我们分享。这是一项博士论文的研究课题，也是第一次深入探讨父母如何参与孩子的在线学习，以促进孩子学业这个目前日益备受关注的问题。

本问卷由“父母问卷”和“学生问卷”两部分组成。请家长先填写“父母问卷”，再由孩子独立完成“学生问卷”。问卷中问题的答案没有对错之分，也不会作为对您的孩子与您的评判依据，请您根据自己平时的想法和家庭实际情况填写即可。我们郑重承诺，对于您所填写的所有信息，我们将按照《中华人民共和国统计法》予以严格保密，不会泄露给任何个人和机构。非常感谢您的支持！如对问卷有任何问题，请发邮件至课题组负责人的邮箱。我们将在第一时间内回复。

如您愿意接受问卷后的访谈，请留下宝贵的联系方式。课题组非常愿意和您做进一步交流和沟通。

A 部分 父母问卷

父母基本信息

1. 您是孩子的

○父亲　　○母亲

2. 您的户口类型是

○城镇户口　　○农村户口

3. 请输入您所在的省份城市

____

4. 您的家庭月收入是

○5000 元及以下　　○5001～10000 元

○10001～20000 元　　○20000 元以上

5. 您的受教育程度是

○没受过任何教育　　○小学　　○初中

○中专/技校　　○职业高中　　○普通高中

○大学专科　　○大学本科　　○研究生及以上

6. 您的职业是

○国家机关事业单位领导与工作人员

○企业/公司中高级管理人员

○教师、工程师、医生、律师

○技术工人（包括司机）

○生产与制造业一般职工

○商业与服务业一般职工

○个体户

○农民

○无业、失业、下岗

○其他

7. 您是否主动与孩子讨论以下事情？

（计分：1＝从不，2＝偶然，3＝经常）

（1）学校发生的事情

（2）孩子与朋友的关系

（3）孩子与老师的关系

（4）孩子的心情

（5）孩子的心事或烦恼

8. 您孩子进行在线学习的学校（或机构）

（计分：1=非常不符合，2=比较不符合，3=不确定，4=比较符合，5=非常符合）

（1）举办各类活动会事先征求家长意见

（2）规章制度和重大决策会与家长商议

（3）举办各类活动能根据家长的时间灵活安排

（4）家长代表有权参与学校（或机构）的重大决策

（5）教师会与家长主动沟通学生学习情况

（6）教师会尊重父母参与活动的意愿

（7）教师会与家长商讨教学安排

9. 您是否有在线学习经历？

○是

○否

10. 您作为父母，会在以下方面给予孩子鼓励

（计分：1=完全不符合，2=大部分不符合，3=小部分符合，4=半数符合，5=大部分符合，6=完全符合）

（1）在孩子做在线课程的作业遇到困难时，鼓励她/他尝试新方法

（2）鼓励孩子寻找更多关于在线课程的信息

（3）鼓励孩子，让他/她相信自己可以表现得很出色

（4）鼓励孩子，让他/她遇到问题时要坚持，直至解决

（5）当孩子遇到难以解决的问题时，鼓励他/她向他人寻求帮助

11. 您作为父母，会在如下方面给予孩子示范

（计分：1=完全不符合，2=大部分不符合，3=小部分符合，4=

半数符合，5=大部分符合，6=完全符合）

（1）让孩子看到，我很享受解决问题的过程

（2）让孩子看到，我遇到问题时不放弃

（3）让孩子看到，我能够向别人解释自己的想法

（4）让孩子看到，我想尽可能地多学习

（5）让孩子看到，我在遇到棘手问题时，会尝试用不同的方法来解决

12. 您作为父母，会通过表扬孩子如下行为，来进行强化

（计分：1=完全不符合，2=大部分不符合，3=小部分符合，4=半数符合，5=大部分符合，6=完全符合）

（1）当孩子想要学习新东西时，我会表现出欢喜的情绪，来强化他/她的这种行为

（2）当孩子不喜欢做在线课程的作业，但也会坚持做完时，我会表现出欢喜的情绪，来强化他/她的这种行为

（3）当孩子向老师解释的她/他想法时，我会表现出欢喜的情绪，来强化他/她的这种行为

（4）当孩子自己能够规划在线课程的作业时，我会表现出欢喜的情绪，来强化他/她的这种行为

13. 您作为父母，会对孩子进行指导

（计分：1=完全不符合，2=大部分不符合，3=小部分符合，4=半数符合，5=大部分符合，6=完全符合）

（1）指导孩子听从老师的指示

（2）指导孩子要坚持完成在线课程的作业

（3）指导孩子在遇到困难时，需要向老师寻求帮助

（4）指导孩子在遇到不明白的问题时，要会提问

（5）指导孩子在学习下一个知识点之前要确认已经理解了当前的知识点

B 部分　学生问卷(注:请您的孩子独立完成以下部分)

学生基本信息

14. 您的性别是

○男　　　　○女

15. 您所在的年级是

○初一　　　　○初二　　　　○初三

16. 您之前是否有在线学习经历

○是　　　　○否

17. 在线学习机构中，你的最近一次数学考试成绩是（按百分制计分）

____

18. 您的学习成绩总体来看，在学校属于

○不好　　　　○中下　　　　○中等

○中上　　　　○很好

19. 您的父母是否主动与您讨论（计分：1=从不，2=偶尔，3=经常）

（1）学校发生的事情

（2）您与朋友的关系

（3）您与老师的关系

（4）您的心情

（5）您的心事或烦恼

20. 上个星期，您的父母有没有督促过您的学习？

（计分：1=从未，2=一天到两天内，3=三天到四天，4=几乎每天）

（1）检查您的作业

（2）指导您的功课

学生的在线自主学习情况

21. 您目前的在线自主学习情况

（计分：1=不符合，2=多数不符合，3=半数符合，4=多数符合，5=完全符合）

（1）我对自己的在线学习任务设定学习标准

（2）我制定短期（每日或每周）和长期（每月或每学期）的学习目标

（3）我保持高标准（质量）的在线学习

（4）为了避免分散太多注意力，我会选择学习所需的场所

（5）我找一个舒适的场所进行学习

（6）我清楚我能进行最有效在线学习的地方是哪里

（7）当需要帮助的时候，我会找对课程内容比较博学的同学进行咨询

（8）我与线上的同学分享自己的问题，以便于知道是否可以一起努力攻克和解决

（9）如果有需要的话，我试着与同学进行线下面对面的交流

（10）当进行在线学习时，我问自己很多有关课程学习材料的问题

（11）我通过与同学交流，发现自己在在线学习中的学习表现如何

（12）我通过与同学交流，发现自己在在线学习中学到的和他们学到的有什么不同

22. 您在学习方面的信心情况

（计分：1=完全不符合，2=多数不符合，3=半数符合，4=多数符合，5=完全符合）

（1）我相信自己有能力在学习上取得好成绩

（2）我认为自己有能力解决学习中遇到的问题

（3）和班上其他同学相比，我的学习能力较强

（4）我认为我能够在课堂上及时掌握老师所讲授的内容

（5）我认为我能够学以致用

（6）和班上其他同学相比，我对所学科目的了解更广泛

（7）我喜欢选择富有挑战性的学习任务

（8）我认为自己能够很好地理解书本上的知识及老师所讲的内容

（9）我经常选择那些虽然难，却能够从中学到知识的学习任务，哪怕需要付出更多的努力

（10）即使我在某次考试中的成绩很不理想，我也能平静地分析自己在考试中所犯的错误

（11）不管我的学习成绩好坏，我都从不怀疑自己的学习能力

（12）学习时我总喜欢通过自问自答的方式来检验自己是否已掌握了所学的内容

（13）当我思考某一问题时，我能够将前后所学的知识联系起来思考

（14）我经常发现自己虽然在阅读书本却不知道它讲的是什么意思

（15）阅读书本时我能够将所阅读的内容与自己已掌握的知识联系起来进行思考

（16）我发现自己上课时总是开小差以至于不能认真听讲

（17）我常常不能准确地归纳出所阅读内容的主要意思

（18）我总是在书本或笔记本上划出重点部分以帮助学习

（19）当我为考试复习时，我能够将前后所学的知识融会贯通

（20）课堂上做笔记时我总试图记下老师的每一句话，不管它是否有意义

（21）做作业时我总力求回忆起老师在课堂上所讲的内容以便把作业做好

（22）即使老师没有要求，我也会自觉地做书本上每一章节后面

的习题来检验自己对知识的掌握情况

学生的学习动机

23. 您的学习动机情况

（计分：1=完全不符合，2=有些不符合，3=有些符合，4=完全符合）

（1）我并不那么在乎别人对我的学业表现有什么看法

（2）我比较喜欢工作中有人替我设定清晰的目标

（3）越困难的问题，我越乐于尝试解决它

（4）我十分清楚我的目标或目的是追求好成绩

（5）我希望我所从事的工作能够提供给我增加知识与技能的机会

（6）对我而言，成功意味着比别人做得更好

（7）我喜欢独立思考解决疑难

（8）无论我所做的事情结果如何，只要能够感觉我得到了新的经验，我便会觉得满足

（9）我喜欢相对简单而直接的任务或作业

（10）我十分清楚我在学习成绩上要达到的目标

（11）我做许多事都是受好奇心驱使

（12）我更关心的不是我做什么工作，而是从中得到什么回报

（13）我乐于钻研那些对我来说是完全新的问题

（14）我喜欢选择自己有把握做好的工作，而非那些需要我竭尽全力的工作

（15）我很在乎别人对我的观点怎么反应

（16）我很少想到分数与奖励

（17）当我能设定我的目标时，我会更为称心如意

（18）我认为工作表现很好但无人知晓的话，是没有什么意义

（19）对我而言，我所赢得的成绩是推动我去努力的主要动力
（20）对我而言，能够做我喜欢的工作是很重要的
（21）我喜欢做程序步骤十分明确的工作或任务
（22）只要做的是我乐于做的事，我不那么在于分数与奖赏
（23）我乐于从事那些会使我专心得忘却一切有兴趣的工作
（24）能赢得他人的肯定和赞赏是推动我去努力的主要动力
（25）无论做什么，我总希望有所报酬或报偿
（26）我乐于尝试解决复杂的问题
（27）于我而言，有机会表现自我是很重要的
（28）我想要知道自己在学业上究竟能做得多出色
（29）我希望别人发现我在学业上有多出色
（30）对我来说，最重要的是喜爱自己所做的工作

24. 学生问卷是否是孩子本人独立完成的

○是　　　　　　　　○否

25. 您是否愿意留下手机号，以便课题组对您进行回谈，并为您提供一份个性化分析结果［填空题］

____

父母问卷和学生问卷已经全部结束，感谢您耐心的填写！

附录二　初中生在线学习中的父母参与访谈提纲

1. 访谈前的铺垫

介绍访谈的背景，父母介绍（职业背景、受教育程度），保密协议，录音准备。

2. 访谈开始

（1）您教育孩子的基本理念是什么？

（2）您和孩子之间的亲子关系如何？

（3）您为什么愿意让孩子选择在线学习？

（4）您能否分享一下参与孩子在线学习的细节？例如，您是否鼓励孩子，为孩子提供示范、指导孩子，以及强化孩子某些行为？如有，您能具体谈谈您是怎么做的吗？

（5）您认为，目前孩子的在线学习效果如何？您认为，您的哪些参与对孩子的在线学习具有较大影响？

3. 访谈结束

感谢您的分享，请您对未来孩子的在线学习期望做个总结。请填写问卷，并探讨问卷题项的合理性。

附录三 初中生在线自主学习访谈提纲

1. 访谈前的铺垫

访谈背景介绍，学生的背景介绍（所在地、学校、年级），保密协议，录音准备。

2. 访谈开始

（1）可否对您在线学习的整体情况做个介绍？如学习的科目、上课的频率、上课的方式、所使用的平台等。

（2）在线学习前，您都会做哪些准备？如有，能谈谈您具体是怎么做的吗？例如设定学习或者选择学习环境等。

（3）能否描述一下，您在线学习的过程？您是否会运用一些学习方法来提高在线学习效果？如有，请具体进行描述。您的学习时间是如何进行管理和分配的？遇到问题时，您是否会向其他人寻求帮助？如有，能谈谈您具体是怎么做的吗？

（4）在线学习时，您是否会对学习进行评价和反思？如有，能谈谈您具体是怎么做的吗？

（5）您和父母的亲子关系如何？父母对于您的在线学习有哪些帮助？

（6）您认为，在线学习中遇到的最大挑战是什么？您认为，从您和父母两个角度，还有哪些做法可以进一步提高在线学习的效果？

3. 访谈结束

感谢您的分享，请您对自己未来的在线学习做个展望。请最后填写问卷，并探讨问卷题项的合理性。

附录四　父母参与量表的信效度检验

一　父母参与量表的探索性因子分析

为检验父母参与量表的建构效度，本书采用 Statistics SPSS 23.0 进行探索性因子分析，以 KMO 取样适切性检验和 Bartlett 球形检验来确认量表初测项是否适合进行探索性因子分析。KMO 统计量用于比较变量间的简单相关关系和偏相关关系，其取值为 0～1。KMO 值越大，代表变量之间的共同性越大，越适合因子分析。KMO 值的判断标准见表 1。因此，一般 KMO 值需要在 0.7 以上。同时，Bartlett 球形检验的卡方值需要具有统计显著性，才可进行因子分析。Bartlett 球形检验是以变量的相关系数矩阵为出发点的检验。它的零假设相关矩阵是单位阵。若 Bartlett 的统计量数值较大，且对应的伴随概率小于用户给定的显著性水平，那么应该拒绝原假设，即适合因子分析。反之，则不能拒绝零假设，即不宜于进行因子分析。

表 1　KMO 值判断标准

KMO 统计量	判别说明	因子分析适切性
0.9 以上	极适合进行因子分析	极佳的
0.8 以上	适合进行因子分析	良好的
0.7 以上	尚可进行因子分析	适中的
0.6 以上	勉强可进行因子分析	普通的
0.5 以上	不适合进行因子分析	欠佳的
0.5 以下	非常不适合进行因子分析	无法接受的

资料来源：吴明隆：《问卷统计分析实务：SPSS 操作与应用》，重庆大学出版社，2010b。

将 1271 份有效问卷导入 Statistics SPSS 23.0 软件后，得到 KMO = 0.975>0.9，Bartlett 球形检验值 = 32970.891，P = 0<0.001，即相关矩阵不是单位阵。因此，适合进行因子分析。

采用主成分分析法，同时以最大方差法进行因子旋转，提取特征值大于 1 的因子后，共提取出四个公因子，父母参与量表的探索性因子分析结果见表 2。19 个题项的因子负荷量均大于 0.5，表示潜在变量可以有效反映各个指标变量。

表 2　父母参与量表的探索性因子分析

维度	题项	成分			
		1	2	3	4
鼓励	(1)在孩子做在线课程的作业遇到困难时，鼓励她/他尝试新方法	0.792	0.279	0.296	0.236
	(2)鼓励孩子寻找更多关于在线课程的信息	0.775	0.262	0.271	0.195
	(3)鼓励孩子，让他/她相信自己可以表现得很出色	0.778	0.277	0.298	0.281
	(4)鼓励孩子，让他/她遇到问题时要坚持，直至解决	0.726	0.325	0.347	0.319
	(5)当孩子遇到难以解决的问题时，鼓励他/她向他人寻求帮助	0.704	0.360	0.304	0.305
示范	(6)让孩子看到，我很享受解决问题的过程	0.375	0.324	0.724	0.332
	(7)让孩子看到，我遇到问题时不放弃	0.395	0.369	0.717	0.282
	(8)让孩子看到，我能够向别人解释自己的想法	0.357	0.385	0.697	0.339
	(9)让孩子看到，我想尽可能地多学习	0.361	0.364	0.735	0.327
	(10)让孩子看到，我在遇到棘手问题时会尝试用不同的方法来解决	0.383	0.402	0.691	0.324
强化	(11)当孩子想要学习新东西时，我会表现出欢喜的情绪，来强化他/她的这种行为	0.321	0.390	0.373	0.669
	(12)当孩子不喜欢做在线课程的作业，但也会坚持做完时，我会表现出欢喜的情绪，来强化他/她的这种行为	0.357	0.368	0.336	0.711
	(13)当孩子向老师解释的她/他想法时，我会表现出欢喜的情绪，来强化他/她的这种行为	0.355	0.382	0.368	0.697
	(14)当孩子自己能够规划在线课程的作业时，我会表现出欢喜的情绪，来强化他/她的这种行为	0.362	0.443	0.371	0.639

续表

维度	题项	成分			
		1	2	3	4
指导	(15)指导孩子听从老师的指示	0.327	0.720	0.272	0.303
	(16)指导孩子要坚持完成在线课程的作业	0.357	0.739	0.372	0.289
	(17)指导孩子在遇到困难时,需要向老师寻求帮助	0.315	0.740	0.316	0.381
	(18)指导孩子在遇到不明白的问题时,要会提问	0.321	0.742	0.389	0.304
	(19)指导孩子在学习下一个知识点之前要确认已经理解了当前的知识点	0.362	0.720	0.378	0.313

注：因子提取方法为主成分分析法；旋转方法是凯撒正态化最大方差法。

探索性因子分析结果中，鼓励、示范、强化和指导四个维度，分别解释了总变异的24.276%、21.773%、17.061%和23.443%，累计解释率为86.553%，父母参与量表总方差解释见表3。因此，探索性因子分析结果显示，翻译并修订后的父母参与量表具有良好的建构效度。

表3　父母参与量表总方差解释

成分	初始特征值			提取载荷平方和			旋转载荷平方和		
	总计	方差百分比	累计百分比	总计	方差百分比	累计百分比	总计	方差百分比	累计百分比
鼓励	14.264	75.076	75.076	14.264	75.076	75.076	4.612	24.276	24.276
指导	0.985	5.184	80.260	0.985	5.184	80.260	4.454	23.443	47.719
示范	0.663	3.489	83.749	0.663	3.489	83.749	4.137	21.773	69.492
强化	0.533	2.804	86.553	0.533	2.804	86.553	3.242	17.061	86.553

注：因子提取方法为主成分分析法。

二　父母参与量表的验证性因子分析

（一）一阶性因子分析

为进一步验证模型的适切性和真实性。本书运用AMOS 23.0，对父母参与测量模型进行一阶验证性因子分析。以模型中 19 个题项得分为内因变量（观察变量），以父母参与维度的潜在变量和误差变量为外因变量，采用极大似然估计法进行参数估计，父母参与量表的测量模型数据适配情况见表 4。结果显示，主要适配指标 GFI、AGFI、RMSEA、NFI、RFI、IFI、TLI、CFI、PGFI、PNFI、PCFI 均超过适配标准。χ2 对于样本量非常敏感。由于本书的样本数远超过 200，所以造成χ2 显著。NC 同样也由于受到样本量的影响，容易过大。因此，在采用问卷调查法进行研究时，需要参考其他指标的适配情况，进行综合判断（吴明隆，2010a）。所以，整体考量适配指标后可以看到，样本数据和父母参与测量一阶模型适配良好，即模型的外在质量佳。

表 4　父母参与一阶测量模型适配度检验摘要

统计检验量	适配的标准或临界值	检验结果	适配结果
绝对适配指数			
NC(χ2/df)	1<NC<3,表示模型有简约适配度； NC>5,表示模型需要修正	5.915	否
χ2	显著性 P>0.05	0.000	否
GFI	>0.9	0.933	是
AGFI	>0.9	0.913	是
RMSEA	<0.05(适配良好) <0.08(适配合理)	0.062	是
增值适配度指数			
NFI	>0.9	0.974	是
RFI	>0.9	0.969	是
IFI	>0.9	0.978	是
TLI	>0.9	0.975	是
CFI	>0.9	0.978	是
简约适配度指数			
PGFI	>0.5	0.717	是
PNFI	>0.5	0.832	是
PCFI	>0.5	0.835	是

父母参与一阶测量模型的验证性因子分析结果见图 1。各个估计参数均达到显著性水平，因子负荷量为 0.82~0.94，信度系数均大于 0.5，表明模型的内在质量理想。

四个因子的平均方差萃取值 AVE（Average Variance Extracted），除强化维度略低于 0.5 外，其他均大于 0.5。四个因子的组合信度 CR（Composite Reliability）均大于 0.7。因此，父母参与一阶测量模型具有良好的聚合效度，见表 5。

表 5　父母参与一阶测量模型的 AVE 和 CR 指标

维度	AVE	CR
鼓励	0.571	0.869
示范	0.508	0.838
强化	0.462	0.774
指导	0.536	0.853

（二）二阶性因子分析

一阶验证性因子发现，父母参与的维度之间具有中高度的显著相关关系，且样本数据与模型匹配，说明四个维度具有共同的因子构念。因此，考虑建立二阶验证性因子分析模型。以 19 个题项得分为观察内因变量，以父母参与的维度为潜在内因变量，以 23 个误差项和父母参与为潜在外因变量，采用极大似然估计后，父母参与二阶测量模型适配度检验摘要结果见表 6。GFI、AGFI、NFI、RFI、IFI、TLI 和 CFI 均大于 0.9，PGFI、PNFI、PCFI 均大于 0.5，RMSEA = 0.062<0.08。$\chi 2$和 NC 由于受到样本量的影响，结果显示不适配。但是主要指标都达标，所以父母参与二阶测量模型与样本数据适配良好，即模型外在质量佳。

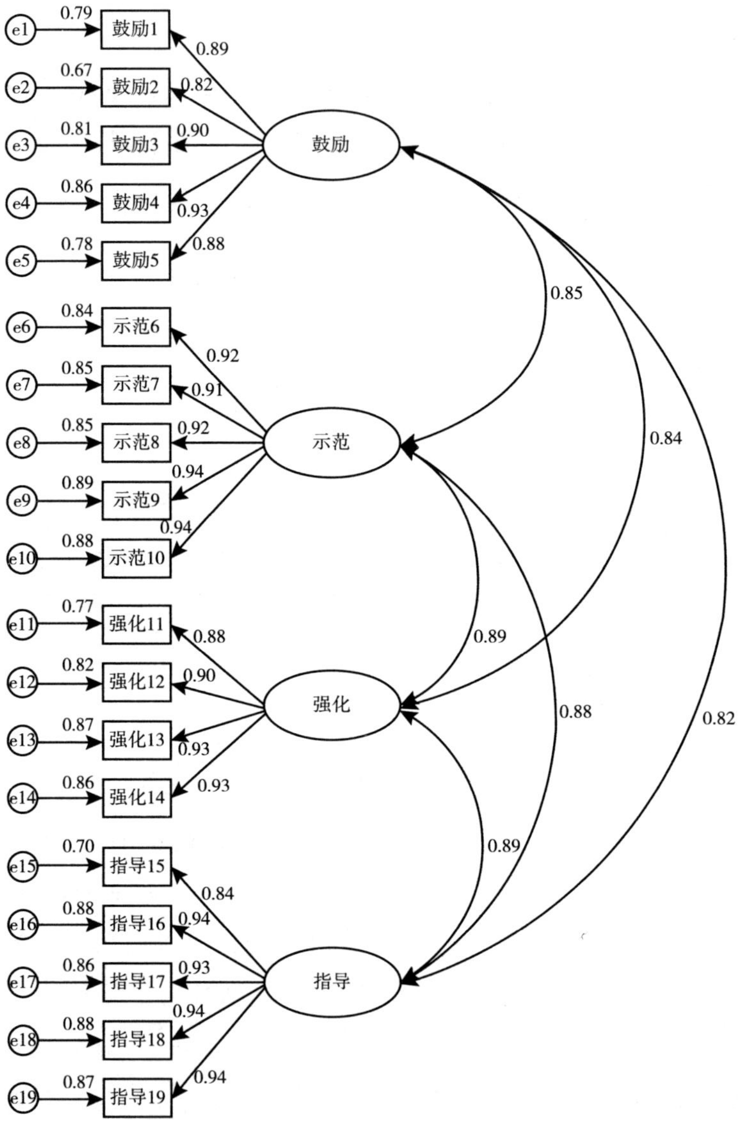

图 1　父母参与一阶测量模型验证性因子分析

表 6　父母参与二阶测量模型适配度检验摘要

统计检验量	适配的标准或临界值	检验结果	适配结果
绝对适配指数			
NC($\chi 2$/df)	1<NC<3,表示模型有简约适配度; NC>5,表示模型需要修正	5.918	否
$\chi 2$	显著性 P>0.05	0.000	否
GFI	>0.9	0.932	是
AGFI	>0.9	0.912	是
RMSEA	<0.05(适配良好) <0.08(适配合理)	0.062	是
增值适配度指数			
NFI	>0.9	0.974	是
RFI	>0.9	0.969	是
IFI	>0.9	0.978	是
TLI	>0.9	0.975	是
CFI	>0.9	0.978	是
简约适配度指数			
PGFI	>0.5	0.726	是
PNFI	>0.5	0.843	是
PCFI	>0.5	0.846	是

所有估计参数均为正数并达到显著水平。鼓励、示范、强化和指导作为潜在内因变量的因子负荷量分别为0.89、0.94、0.95和0.93，均在0.5和0.95之间，表示模型内在质量佳，父母参与二阶测量模型验证性因子分析见图2。所有参数的信度系数均在0.5以上，表明信度良好。二阶测量模型的AVE为0.861，CR为0.96，均大于0.7，因此模型聚合度佳。

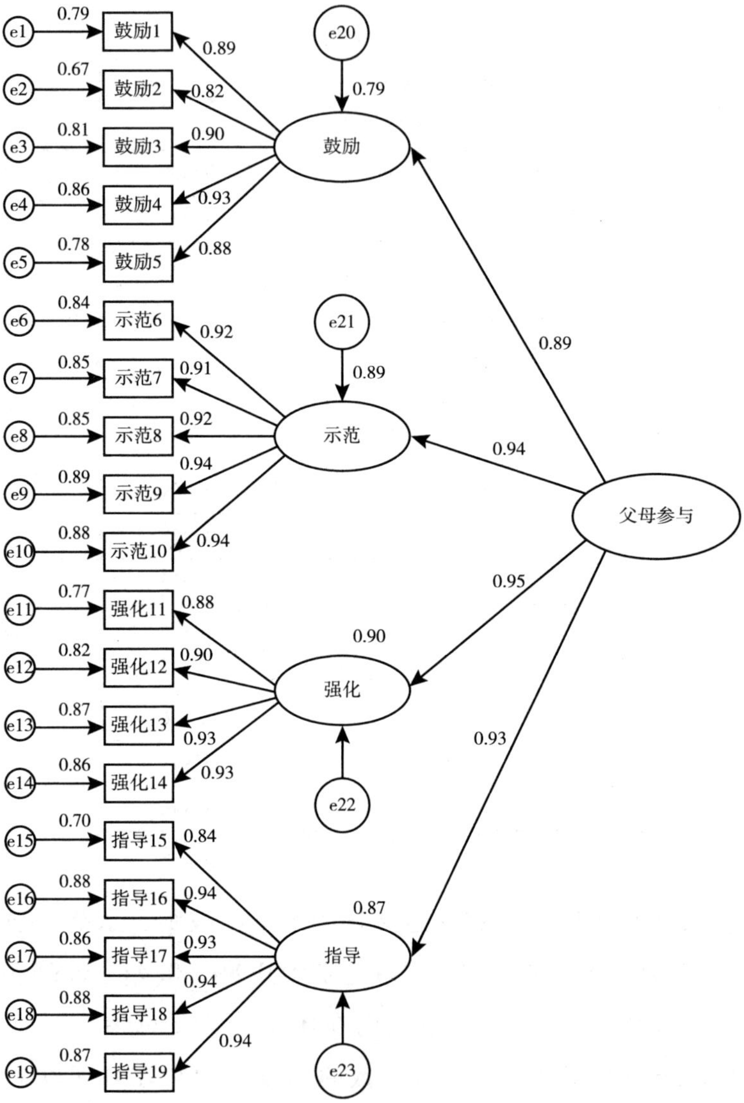

图 2　父母参与二阶测量模型验证性因子分析

三 父母参与量表的信度

用 Statistics SPSS 23.0 对父母参与量表进行信度检验，结果见表 7。在线学习中，父母参与量表的总表 Cronbach's α 为 0.981。鼓励、示范、强化和指导 4 个维度 Cronbach's α 分别是 0.945、0.968、0.951 和 0.962。总表和各维度信度均在 0.9 以上，可见此量表的信度非常理想。

表 7 在线学习中父母参与总体及其 4 个维度的测量信度

维度	Cronbach's α	题项数
父母参与	0.981	19
鼓励	0.945	5
示范	0.968	5
强化	0.951	4
指导	0.962	5

四 父母参与量表的效标关联效度

效标关联效度是检验特定效标和测验分数的相关系数，以表示测量工具有效性的高低。效标必须是能够反映测量分数内涵与特质的独立测量，同时也必须是被社会大众或一般研究者接受的，能够具体反映某项特定内涵的指标。本书根据以上原则，选取梁宇颂编制的学业自我效能感量表（梁宇颂，2000）作为效标，见表 8。

表 8 学业自我效能感量表

题 项
1. 我相信自己有能力在学习上取得好成绩
2. 我认为自己有能力解决学习中遇到的问题
3. 和班上其他同学相比，我的学习能力较强

续表

题　　项
4. 我认为我能够在课堂上及时掌握老师所讲授的内容
5. 我认为我能够学以致用
6. 和班上其他同学相比，我对所学科目的了解更广泛
7. 我喜欢选择富有挑战性的学习任务
8. 我认为自己能够很好地理解书本上的知识及老师所讲的内容
9. 我经常选择那些虽然难，却能够从中学到知识的学习任务，哪怕需要付出更多的努力
10. 即使我在某次考试中的成绩很不理想，我也能平静地分析自己在考试中所犯的错误
11. 不管我的学习成绩好坏，我都从不怀疑自己的学习能力
12. 学习时我总喜欢通过自问自答的方式来检验自己是否已掌握了所学的内容
13. 当我思考某一问题时，我能够将前后所学的知识联系起来思考
14. 我经常发现自己虽然在阅读书本却不知道它讲的是什么意思
15. 阅读书本时我能够将所阅读的内容与自己已掌握的知识联系起来进行思考
16. 我发现自己上课时总是开小差以至于不能认真听讲
17. 我常常不能准确地归纳出所阅读内容的主要意思
18. 我总是在书本或笔记本上划出重点部分以帮助学习
19. 当我为考试复习时，我能够将前后所学的知识融会贯通
20. 课堂上做笔记时我总试图记下老师的每一句话，不管它是否有意义
21. 做作业时我总力求回忆起老师在课堂上所讲的内容以便把作业做好
22. 即使老师没有要求，我也会自觉地做书本上每一章节后面的习题来检验自己对知识的掌握情况

资料来源：梁宇颂，2000。

将在线学习中的父母参与量表的总表得分，以及四个维度得分，分别以一般自我效能感量表为效标，用 Statistics SPSS 23.0 进行相关分析，在线学习中父母参与总体及其各个维度的效标关联效度见表 9。分析结果表明，父母参与的总表及各个维度，和学业自我效能感在 0.01 水平上显著相关。因此，父母参与量表的效标关联效度良好。

表 9　在线学习中父母参与总体及其各个维度的效标关联效度

维　度	相关性(Pearson 系数)
父母参与	0.634**
鼓　励	0.586**
示　范	0.594**
强　化	0.584**
指　导	0.597**

注：** 表示在 0.01（双侧）水平上显著相关。

附录五　在线自主学习调查量表的信效度检验

一　在线自主学习调查量表的信度和效度

（一）在线自主学习调查量表的探索性因子分析

将 1271 份有效问卷导入 Statistics SPSS 23.0 软件，得到 KMO = 0.958>0.9，Bartlett 球形检验值 = 19697.044，P = 0<0.001，即相关矩阵不是单位阵。因此，适合进行因子分析。12 个题项的共同性为 0.841~0.928。对修订后的在线自主学习调查量表，限定提取 4 个公因子，采用主成分分析法，同时以最大方差法进行因子旋转。结果显示，12 个题项能够正确归因，并且因子负荷量均在 0.5 以上，在线自主学习调查量表旋转后的成分矩阵见表 10。

表 10　在线自主学习调查量表旋转后的成分矩阵

维度	题　　项	成分			
		1	2	3	4
目标设定	(1)我对自己的在线学习任务设定学习标准	0.412	0.300	0.757	0.297
	(2)我制定短期(每日或每周)和长期(每月或每学期)的学习目标	0.383	0.296	0.761	0.337
	(3)我保持高标准(质量)的在线学习	0.521	0.349	0.647	0.280
环境建构	(4)为了避免分散太多注意力,我会选择学习所需的场所	0.769	0.297	0.373	0.269
	(5)我找一个舒适的场所进行学习	0.822	0.249	0.285	0.256
	(6)我清楚我能进行最有效在线学习的地方是哪里	0.742	0.312	0.388	0.278
寻求帮助	(7)当需要帮助的时候,我会找对课程内容比较博学的同学进行咨询	0.436	0.462	0.306	0.587
	(8)我与线上的同学分享自己的问题,以便于知道是否可以一起努力攻克和解决	0.274	0.459	0.299	0.726
	(9)如果有需要的话,我试着与同学进行线下面对面的交流	0.281	0.328	0.297	0.811

续表

维度	题　项	成分			
		1	2	3	4
自我评价	(10)当进行在线学习时,我问自己很多有关课程学习材料的问题	0.400	0.665	0.392	0.374
	(11)我通过与同学交流,发现自己在在线学习中的学习表现如何	0.332	0.743	0.296	0.422
	(12)我通过与同学交流,发现自己在在线学习中学到的和他们学到的有什么不同	0.314	0.720	0.309	0.455

注：因子提取方法为主成分分析法；旋转方法是凯撒正态化最大方差法。

探索性因子分析结果显示，目标设定、环境建构、寻求帮助和自我评价分别解释了总变异的21.248%、25.993%、21.246%和21.596%，累计解释率为90.083%，在线自主学习调查量表的总方差解释见表11。因此，修订后的在线自主学习调查量表的建构效度良好。

表11　在线自主学习调查量表的总方差解释

成分	初始特征值			提取载荷平方和			旋转载荷平方和		
	总计	方差百分比	累计百分比	总计	方差百分比	累计百分比	总计	方差百分比	累计百分比
环境建构	9.272	77.270	77.270	9.272	77.270	77.270	3.119	25.993	25.993
自我评价	0.841	7.008	84.278	0.841	7.008	84.278	2.591	21.596	47.589
目标设定	0.408	3.401	87.679	0.408	3.401	87.679	2.550	21.248	68.837
寻求帮助	0.289	2.404	90.083	0.289	2.404	90.083	2.550	21.246	90.083

注：因子提取方法为主成分分析法。

（二）在线自主学习调查量表的验证性因子分析

根据探索性因子分析的结果，以12个题项得分为内因变量，以量表4个维度的潜在变量和12个误差项为外因变量，运用AMOS 23.0进行在线自主学习调查量表的验证性因子分析，结果见表12。本书采用极大似然法做参数估计。测量模型的适配度分析显示，χ2/df=10.168，P=0<0.001，除AGFI略低于0.9外，GFI、CFI、NFI、IFI、TLI均大于0.9。RMSEA虽然为0.085，但小于0.1。χ2和NC受到样本量的影响未能达标。由于大多数指标达标，因此说明在线自主学习测量模型与样本数据整体拟合良好，模型外在质量佳。

表12　在线自主学习测量模型适配度检验摘要

统计检验量	适配的标准或临界值	检验结果	适配结果
绝对适配指数			
NC(χ2/df)	1<NC<3,表示模型有简约适配度; NC>5,表示模型需要修正	10.168	否
χ2	显著性 P>0.05	0.000	否
GFI	>0.9	0.938	是
AGFI	>0.9	0.899	否
RMSEA	<0.05(适配良好) <0.08(适配合理)	0.085	否
增值适配度指数			
NFI	>0.9	0.975	是
RFI	>0.9	0.966	是
IFI	>0.9	0.978	是
TLI	>0.9	0.969	是
CFI	>0.9	0.978	是
简约适配指数			
PGFI	>0.5	0.577	是
PNFI	>0.5	0.709	是
PCFI	>0.5	0.711	是

在线自主学习的测量模型验证性因子分析结果见图3。从模型的内在质量来看，各个估计参与均达到显著性水平，12个题项的因子负荷量为0.87~0.94，信度系数均大于0.5。因此，模型内在质量良好。

四个因子的平均方差萃取值AVE，在各个维度均大于0.5。四个

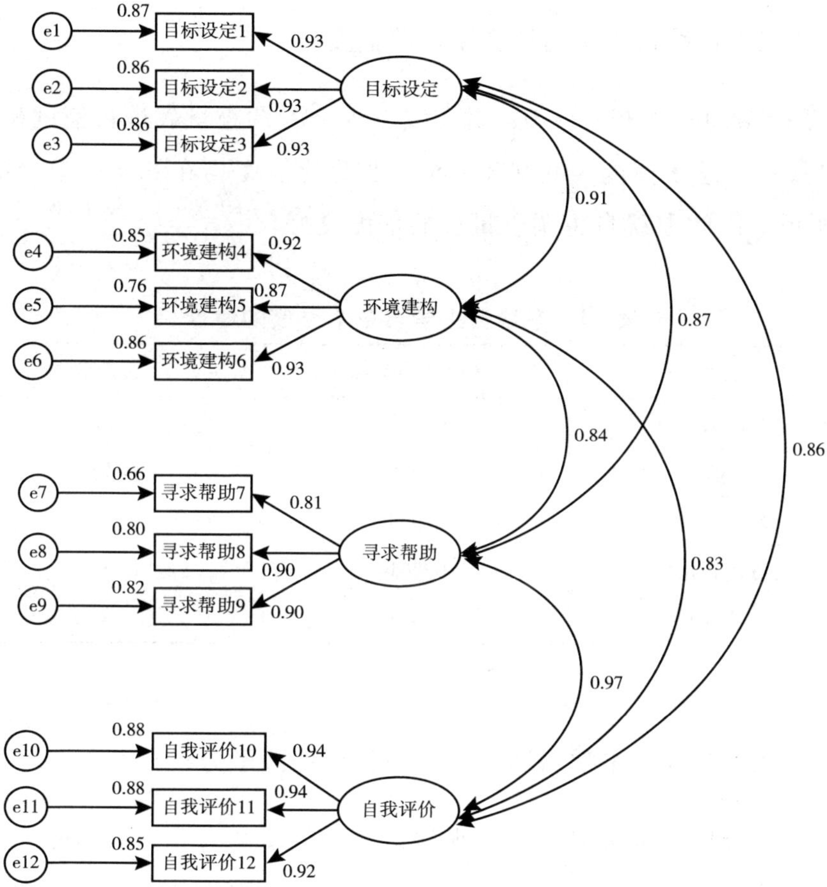

图 3　在线自主学习测量模型

因子的组合信度 CR 均高于 0. 7。因此，在线自主学习测量模型具有良好的聚合效度，在线自主学习测量模型的 AVE 和 CR 指标见表 13。

表 13　在线自主学习测量模型的 AVE 和 CR 指标

维度	AVE	CR
目标设定	0. 524	0. 766
环境建构	0. 606	0. 822
寻求帮助	0. 510	0. 754
自我评价	0. 504	0. 753

（三）在线自主学习调查量表的信度

用 Statistics SPSS 23.0，对在线自主学习调查量表进行信度检验，结果显示：总表信度为 0.973，各个维度的信度均在 0.9 以上，如表 14 所示。因此在线自主调查量表的信度良好。

表 14　在线自主学习各个维度的信度

维度	Cronbach's α	题项数
总表	0.973	12
目标设定	0.948	3
环境建构	0.934	3
寻求帮助	0.931	3
自我评价	0.951	3

（四）在线自主学习调查量表的验证性因子分析

本书采用效标关联效度用来评估量表效度的大小。效标必须是能够反映测量分数内涵与特质的独立测量，同时也必须是被社会大众或一般研究者接受的，能够具体反映某项特定内涵的指标。

根据以上原则，本书选取梁宇颂编制的学业自我效能感量表（梁宇颂，2000）作为效标。将在线自主学习调查量表的总表得分以及四个维度得分，分别以学业自我效能感量表为效标，用 Statistics SPSS 23.0 进行相关分析，见表 15。结果显示，总表及四个维度的相关系数为 0.741～0.809，且与学业自我效能感在 0.01 水平上显著相关。因此在线自主学习调查量表的效标关联效度理想。

表 15　在线自主学习调查量表及各个维度的效标关联效度

维度	相关性(Pearson 系数)
总表	0.809**
目标设定	0.745**
环境建构	0.741**
寻求帮助	0.745**
自我评价	0.773**

注：** 表示在 0.01（双侧）水平上显著相关。

附录六 “父母参与–在线自主学习–学业成就”中介效应模型的参数检验

导入样本数据后，得到 PI-OSRL-AA SEM 的适配情况，如表 16。除$\chi2$和 NC 受到样本量的影响不适配外，GFI、AGFI、NFI、RFI、IFI、TLI、CFI 均大于 0.9，PGFI、PNFI、PCFI 均大于 0.5，RMSEA 小于 0.8。因此，PI-OSRL-AA SEM 与数据适配情况良好。

表 16　PI-OSRL-AA SEM 适配度检验摘要

统计检验量	适配的标准或临界值	检验结果	适配结果
绝对适配指数			
NC($\chi2$/df)	1<NC<3,表示模型有简约适配度； NC>5,表示模型需要修正	5.607	否
$\chi2$	显著性 P>0.05	0.000	否
GFI	>0.9	0.920	是
AGFI	>0.9	0.902	是
RMSEA	<0.05(适配良好) <0.08(适配合理)	0.06	是
增值适配度指数			
NFI	>0.9	0.966	是
RFI	>0.9	0.961	是
IFI	>0.9	0.972	是
TLI	>0.9	0.968	是
CFI	>0.9	0.972	是
简约适配指数			
PGFI	>0.5	0.744	是
PNFI	>0.5	0.851	是
PCFI	>0.5	0.856	是

附录七　在线学习中不同教养风格的父母参与对非认知影响的回归分析

表 17　在线学习中不同教养风格的父母参与对非认知影响的回归分析

变量			学业自我效能感	学习动机
因变量	父母参与	自主性支持	0.430*** (0.044)	0.359*** (0.056)
		控制性支持	0.025 (0.153)	0.037 (0.195)
控制变量	家庭特征	户口类型	0.008 (0.986)	0.026 (1.253)
		家庭收入	-0.011 (0.300)	-0.028 (0.382)
		职业类型	-0.003 (0.090)	-0.006 (0.115)
		受教育程度	-0.024 (0.182)	-0.035 (0.231)
		亲子关系	-0.088** (0.153)	-0.113*** (0.195)
		父母是否有在线学习经历	0.029 (0.630)	0.053* (0.801)
	学校特征	学校管理方式	0.174*** (0.117)	0.173 (0.148)
		教师行为方式	0.006 (0.161)	0.045 (0.205)
	学生特征	性别	0.002 (0.536)	-0.001 (0.681)
		年级	-0.001 (0.365)	-0.004 (0.464)
		是否有在线学习经历	-0.029 (1.217)	-0.031 (1.546)
		学习能力	0.183*** (0.340)	0.101*** (0.432)
		感受到的亲子关系	0.159*** (0.161)	0.171*** (0.205)
		感受到的育儿参与度	0.056* (0.154)	0.085** (0.195)

续表

变量	学业自我效能感	学习动机
调整后的 R^2	0.452	0.357
样本量	1271	1271

注：( ) 内为标准误；* $p<0.05$，** $p<0.01$，*** $p<0.001$。

参考文献

Adam, N. L., Alzahri, F. B., Soh, S. C. et al., Self-regulated Learning and Online Learning: A Systematic Review [C]. *5th International Visual Informatics Conference. Springer*, 2017: 143-154.

Anders, N., Dziuban, C. D., Moskal, P. M., A Time Based Blended Learning Model [J]. *On the Horizon*, 2011, 19 (3): 207-216.

Bandura, A., *Social Foundations of Thought and Action: A Social Cognitive Theory* [M]. Englewood Cliffs, N. J: Prentice-Hall, 1986.

Bandura, A., On the Functional Properties of Perceived Self-efficacy Revisited [J]. *Journal of Management*, 2012, 38 (1): 9-44.

Bansak, C., Starr, M., Covid-19 Shocks to Education Supply: How 200, 000 U. S. Households Dealt with the Sudden Shift to Distance Learning [J]. *Review of Economics of the Household*, 2021, 19: 53-90.

Barbour, M. K., The Landscape of K - 12 Online Learning: Examining What Is Known [M] // Moore M. G., Diehl W. C. Handbook of Distance Education: Fourth Edition. New York: Taylor and Francis, 2019: 521-542.

Barnard, L., Lan, W. Y. et al., Measuring Self-Regulation in Online and Blended Learning Environments [J]. *The Internet and Higher Education*, 2009, 12 (1): 1-6.

Barnard, L., Paton, V., Lan, W., Online Self-regulatory Learning

Behaviors as a Mediator in the Relationship Between Online Course Perceptions with Achievement [J] . *The International Review of Research in Open and Distributed Learning*, 2008, 9 (2): 1-11.

Baron, R. M. , Kenny, D. A. , The Moderator-mediator Variable Distinction in Social Psychological Research: Conceptual, Strategic, and Statistical Considerations [J] . *Chapman and Hall*, 1986, 51 (6): 1173-1182.

Beck, D. , Maranto, R. , Lo, W. , Parent Involvement and Student/ Parent Satisfaction in Cyber Schools [C], Society for Information Technology & Teacher Education International Conference 2013. New Orleans, Louisiana, 2013: 229-236.

Bempechat, J. , Shernoff, D. J. , Parental Influences on Achievement Motivation and Student Engagement [M] // Christenson S. L. , Amy L. R. , Cathy W. Handbook of Research on Student Engagement. *Springer Science & Business Media*, 2012: 315-342.

Berger, E. H. , Parent Involvement: Yesterday and Today [J] . *The Elementary School Journal*, 1991, 91 (3): 209-219.

Bird, K. , Influence of Parental Involvement on Student Assignment Submission Punctuality in the Private Online Learning Environment [D] . Northcentral University, 2015.

Black, E. W. , An Evaluation of Familial Involvements' Influence on Student Achievement in K - 12 Virtual Schooling [D], University of Florida, 2009.

Black, E. W. , Ferdig, R. E. , Dipietro M. An Overview of Evaluative Instrumentation for Virtual High Schools [J] . *The American Journal of Distance Education*, 2008, 22 (1): 24-45.

Bocian, J. B. , Parental Involvement in the Digital Age: Examining

Parental Access to Student Web Portals in Grades 7-12 [D]. University of Findlay, 2016.

Boonk, L., Gijselaers, H. J. M., Ritzen, H. et al., A Review of the Relationship between Parental Involvement Indicators and Academic Achievement [J]. *Educational Research Review*, 2018, 24: 10-30.

Borup, J., Teacher Perceptions of Parent Engagement at a Cyber High School [J]. *Journal of Research on Technology in Education*, 2016, 48 (2): 67-83.

Borup, J., Chambers, C. B., Stimson, R., Online Teacher and On-site Facilitator Perceptions of Parental Engagement at a Supplemental Virtual High School [J]. *International Review of Research in Open and Distributed Learning*, 2019a, 20 (2): 79-95.

Borup, J., Graham, C. R., Davies, R. S., The Nature of Parental Interactions in an Online Charter School [J]. *American Journal of Distance Education*, 2013, 27 (1): 40-55.

Borup, J., Graham, C. R., Drysdale, J. S., The Nature of Teacher Engagement at an Online High School [J]. *British Journal of Educational Technology*, 2014a, 45 (5): 793 - 806.

Borup, J., Graham, C. R., West, R. E. et al., Academic Communities of Engagement: an Expansive Lens for Examining Support Structures in Blended and Online Learning [J]. *Educational Technology Research and Development*, 2020a, 68: 807-832.

Borup, J., Jensen, M., Archambault, L. et al., Supporting Students During COVID-19: Developing and Leveraging Academic Communities of Engagement in a Time of Crisis [J]. *Journal of Technology and Teacher Education*, 2020b, 28 (2): 161-169.

Borup, J., Stevens, M. A., Waters, L. H., Parent and Student

Perceptions of Parent Engagement at a Cyber Charter High School [J] . *Online Learning*, 2015, 19 (5): 69-91.

Borup, J., Walters, S., Call-Cummings, M., Examining the Complexities of Parental Engagement at an Online Charter High School: A Narrative Analysis Approach [J] . *International Review of Research in Open and Distributed Learning*, 2019b, 20 (1): 94-110.

Borup, J., Walters, S., Call-Cummings, M., Student Perceptions of Their Interactions with Peers at a Cyber Charter High School [J] . *Online Learning*, 2020c, 24 (2): 207-224.

Borup, J., West, R. E., Graham, C. R. et al., The Adolescent Community of Engagement Framework: A Lens for Research in K－12 Online Learning Environments [J] . *Journal of Information Technology for Teacher Education*, 2014b, 22 (1): 107-129.

Brown, A. K., Quantitative Analysis of Teachers' Perceptions of Parental Involvement and Communication in the Online School Environment [D] . Capella University, 2017.

Cheung, C. S., Pomerantz, E. M., Why Does Parents' Involvement Enhance Children's Achievement? The Role of Parent-oriented Motivation [J] . *Journal of Educational Psychology*, 2012, 104 (3): 820-832.

Choe, D., Parents' and Adolescents' Perceptions of Parental Support as Predictors of Adolescents' Academic Achievement and Self-regulated Learning [J] . *Children and Youth Services Review*, 2020, 116 (9): 1-9.

Choi, N., Chang, M., Kim, S. et al., A Structural Model of Parent Involvement with Demographic and Academic Variables [J] . *Psychology in the Schools*, 2015, 52 (2): 154-167.

Couper, M. P., Web Surveys: A Review of Issues and Approaches [J] . *Public Opinion Quarterly*, 2000, 64 (4): 464-494.

Currie-Rubin, R., Smith, S. J., Understanding the Roles of Families in Virtual Learning [J]. *Teaching Exceptional Children*, 2014, 46 (5): 117-126.

Curtis, H., A Mixed Methods Study Investigating Parental Involvement and Student Success in High School Online Education [D]. Northwest Nazarene University, 2013.

Cwetna, K. G., Real Parenting in a Virtual World: Roles of Parents in Online Mathematics Courses [D]. Georgia State University, 2016.

Dalal, R., Dhull, I., Self Regulated Learning of Senior Secondary School Students in Relation to Parenal Involvement [J]. *International Journal of Multidiciplinary Educaional Research*, 2019, 8 (6): 110-118.

Dent, A. L., Koenka, A. C., The Relation Between Self-regulated Learning and Academic Achievement Across Childhood and Adolescence: A Meta-analysis [J]. Educational Psychology Review, 2016, 28 (3): 425-474.

Dettori, G., Persico, D., Detecting Self-regulated Learning in Online Communities by Means of Interaction Analysis [J]. *IEEE Transactions on Learning Technologies*, 2008, 1 (1): 11-19.

Dipietro, M., Ferdig, R., Black, E. W., Best Practices in Teaching K-12 Online: Lessons Learned from Michigan Virtual School Teachers [J]. *Journal of Interactive Online Learning*, 2010, 9 (1): 10-35.

Effeney, G., Carroll, A., Bahr, N., Self-regulated Learning: Key Strategies and Their Sources in a Sample of Adolescent Males [J]. *Australian Journal of Educational & Developmental Psychology*, 2013, 13: 58-74.

Erb, R. E., From Traditional Public School to Cyber Charter: How Parents Decide [D]. The Pennsylvania State University, 2004.

Escueta, M. , Quan, V. , Nickow A. J. et al. , Education Technology: An Evidence-based Review [EB/OL]. National Bureau of Economic Research, 2017 [2021 - 05 - 03] . https: //www. nber. org/system/files/working _ papers/w23744/w23744. pdf.

Fan, W. , Williams, C. M. , The Effects of Parental Involvement on Students' Academic Self-Efficacy, Engagement and Intrinsic Motivation [J] . *Educational Psychology*, 2010, 30 (1): 53-74.

Fan, W. , Williams, C. M. , Wolters, C. A. , Parental Involvement in Predicting School Motivation: Similar and Differential Effects Across Ethnic Groups [J] . *The Journal of Educational Research*, 2012, 105: 21-35.

Farooq, M. S. , Asim, I. , Parental Involvement as Predictor for Self-Regulated Learning and Academic Achievement of Students at Secondary School Level [J] . *Journal of Educational Sciences*, 2020, 7 (1): 14-32.

Garrison, D. R. , Anderson, T. , Archer, W. , Critical Inquiry in a Text-based Environment: Computer Conferencing in Higher Education [J] . *The Internet and Higher Education*, 2000, 2 (2/3): 87-105.

Gonzalez-Dehass, A. R. , Willems, P. P. , Nurturing Self-regulated Learners: Teacher, Peer, and Parental Support of Strategy Instruction [C] . *The Educational Forum*, 2016, 80 (3): 294-309.

Goodall, J. , Montgomery, C. , Parental Involvement to Parental Engagement: A Continuum [J] . *Educational Review*, 2014, 66 (4): 399-410.

Grijalva-Quiñonez, C. S. , Valdés-Cuervo, A. A. , Parra-Pérez, L. G. , et al. , Parental Involvement in Mexican Elementary Students' Homework: Its Relation with Academic Self-efficacy, Self-regulated Learning, and Academic Achievement [J] . *Educational Psychology*, 2020, 26 (2): 129-136.

Grolnick, W. S., Pomerantz, E. M., Issues and Challenges in Studying Parental Control: Toward a New Conceptualization [J]. *Child Development Perspectives*, 2009, 3 (3): 165–170.

Grolnick, W. S., Ryan, R. M., Parent Styles Associated with Children's Self-regulation and Competence in School [J]. *Journal of Educational Psychology*, 1989, 81: 143–154.

Grolnick, W. S., Slowiaczek, M. L., Parents' Involvement in Children's Schooling: A Multidimensional Conceptualization and Motivational Model [J]. *Child Development*, 1994, 65 (1): 237–252.

Gubbins, V., Otero, G., Effect of the Parental Involvement Style Perceived by Elementary School Students at Home on Language and Mathematics Performance in Chilean Schools [J]. *Educational Studies*, 2016, 42: 121–136.

Hammons, L. N., Parents' Roles in Adolescent Self-regulated Learning: A Mixed Methods Study [D]. University of Cincinnati, 2017.

Hanny, C. N., Conceptualizing Parental Support in K – 12 Online Education [D]. Brigham Young University, 2022.

Hays, A. S., The Relation between Parent Involvement and the Development of Kindergarten Self-regulation and Literacy Skills [D]. University of Minnesota, 2018.

Hoover-Dempsey, K. V., Jones, K. P., Parental Role Construction and Parental Involvement in Children's Education [EB/OL]. Chicago, 1997 [2000–10–21]. https: //files. eric. ed. gov/fulltext/ED411054. pdf.

Hoover-Dempsey, K. V., Sandler, H. M., Final Performance Report for OERI Grant # R305T010673: The Social Context of Parental Involvement: A Path to Enhanced Achievement [EB/OL]. 2005 [2020 – 9 – 23]. https: //ir. vanderbilt. edu/bitstream/handle/1803/

7595/OERIIESfinalreport032205. pdf.

Hoover-Dempsey, K. V. , Sandler, H. M. , Why Do Parents Become Involved in Their Children's Education? [J] . *Review of Educational Research*, 1997, 67 (1): 3-42.

Hoover-Dempsey, K. V. , Whitaker, M. C. , Ice, C. L. , Motivation and Commitment to Family-school Partnerships [M] // Sandra L C, Amy L R. Handbook of School-Family Partnerships. Routledge, 2010: 48-78.

iNACOL. , The Online Learning Definitions Project [EB/OL] . 2011 [2020-5-6] . http: //dese. ade. arkansas. gov/public/userfiles/Learning_ Services/Digital_ Learning/iNACOL_ DefinitionsProject. pdf.

Kallia, E. , Dermitzaki, I. , Assessing Maternal Behaviors that Support Children's Self-regulated Learning [J] . *Hellenic Journal of Psychology*, 2017, 14 (2): 83-112.

Kilis, S. , Yildirim, Z. , Online Self-regulation Questionnaire: Validity and Reliability Study of Turkish Translation [J] . *Cukurova University Faculty of Education Journal*, 2018, 47 (1): 233-245.

Lee, M. , Figueroa, R. , Internal and External Indicators of Virtual Learning Success: a Guide to Success in K-12 Virtual Learning [J] . *Distance Learning*, 2012, 9 (1): 21-28.

Lehmann, T. , Hähnlein, I. , Ifenthaler, D. , Cognitive, Metacognitive and Motivational Perspectives on Preflection in Self-regulated Online Learning [J] . *Computers in Human Behavior*, 2014, 32: 313-323.

Litke, C. D. , Virtual Schooling at the Middle Grades: A Case Study [J] . *Journal of Distance Education*, 1998, 13 (2): 33-50.

Littlejohn, A. , Hood, N. , Milligan, C. et al. , Learning in MOOCs: Motivations and Self-regulated Learning in MOOCs [J] . *The Internet and Higher Education*, 2016, 29: 40-48.

Liu, F., Black, E., Algina, J. et al., The Validation of One Parental Involvement Measurement in Virtual Schooling [J]. *Journal of Interactive Online Learning*, 2010, 9 (2): 105-132.

Lowes, S., Lin, P., Learning to Learn Online: Using Locus of Control to Help Students Become Successful Online Learners [J]. *Journal of Online Learning Research*, 2015, 1 (1): 17-48.

Martinez-Pons, M., Test of a Model of Parental Inducement of Academic Self-regulation [J]. *The Journal of Experimental Education*, 1996, 64 (3): 213-227.

Martinez-Pons, M., Parental Influences on Children's Academic Self-Regulatory Development [J]. *Theory into Practice*, 2002, 41 (2): 126-131.

Mayer, R. E., Thirty Years of Research on Online Learning [J]. *Applied Cognitive Psychology*, 2018, 33 (2): 152-159.

Myers, K. K., Oetzel, J. G., Exploring the Dimensions of Organizational Assimilation: Creating and Validating a Measure, Communication Quarterly, 2003, 51 (4), 438-457.

Nayar, T. A., Parental Support and Online Sixth-grade Students' Academic Performance: A Survey Research [D]. Abilene Christian University, 2021.

Neitzel, C., Stright, A. D., Mothers' Scaffolding of Children's Problem Solving: Establishing a Foundation of Academic Self-regulatory Competence [J]. *Journal of Family Psychology*, 2003, 17 (1): 147-159.

OECD, OECD skills outlook 2017: Skills and Global Value Chains [EB/OL]. 2017 [2020-5-7]. http://www.oecd.org/education/oecd-skills-outlook-e11c1c2d-en.html.

OECD, The COVID-19 Pandemic Has Changed Education Forever. This Is How [EB/OL]. 2020 [2020-5-7]. https://www.weforum.org/

agenda/2020/04/coronavirus - education - global - covid19 - online - digital - learning/.

Onah, D. F. , Sinclair, J. E. , A Multi-dimensional Investigation of Self-regulated Learning in a Blended Classroom Context: a Case Study on eLDa MOOC [C] . 19th International Conference on Interactive Collaborative Learning. Belfast: Springer, 2016: 21-23.

Oviatt, D. R. , Graham, C. R. , Davies, R. S. et al. , Online Student Use of a Proximate Community of Engagement in an Independent Study Program [J] . *Online Learning*, 2018, 22 (1): 223-251.

Phillipson, S. , Phillipson, S. N. , Children's Cognitive Ability and Their Academic Achievement: The Mediation Effects of Parental Expectations [J] . *Asia Pacific Education Review*, 2012, 13 (3): 495-508.

Pomerantz, E. M. , Moorman, E. A. , Litwack, S. D. , The How, Whom, and Why of Parents' Involvement in Children's Academic Lives: More Is Not Always Better [J] . *Review of Educational Research*, 2007, 77 (3): 373-410.

Preacher, K. J. , Hayes, A. F. , SPSS and SAS Procedures for Estimating Indirect Effects in Simple Mediation Models [J] . *Behavior Research Methods Instruments and Computers*, 2004, 36 (4): 717-731.

Russell, G. , Virtual schools: A Critical View [M] // Catherine C. Development and Management of Virtual Schools: Issues and Trends. Hershey, PA : IGI Global, 2004: 1-25.

Schwarz, B. , Mayer, B. , Trommsdorff, G. et al. , Does the Importance of Parent and Peer Relationships for Adolescents' Life Satisfaction Vary Across Cultures? [J] . *The Journal of Early Adolescence*, 2012, 32 (1): 55-80.

Shearer, R. L. , Park, E. , The Theory of Transactional Distance

[M] // Jung I. Open and Distance Education Theory Revisited Implications for Digital Era. Singapore: Springer Singapore, 2019: 31-38.

Silinskas, G., Kikas, E., Parental Involvement in Math Homework: Links to Children's Performance and Motivation [J]. *Scandinavian Journal of Educational Research*, 2019, 63 (1): 17-37.

Skinner, B. F., The Origins of Cognitive Thought [J]. *American Psychologist*, 1989, 44 (1): 13-18.

Smith, S. J., Burdette, P. J., Cheatham, G. A. et al., Parental Role and Support for Online Learning of Students with Disabilities: A Paradigm Shift [J]. *Journal of Special Education Leadership*, 2016, 29 (2): 101-112.

Sorensen, C., Learning Online at the K - 12 Level: A Parent/Guardian Perspective [J]. *International Journal of Instructional Media*, 2012, 39 (4): 297-308.

Stevens, M., Borup, J., 2015. Parental Engagement in Online Learning Environments: A Review of the Literature [J]. *Advances in Research on Teaching*, 2015, 25: 99-119.

Stovall, N. S. L., 2015. Investigating the Role of Parental Involvement in Virtual Schooling for K - 12 Education [D]. Southern University and Agricultural and Mechanical College, 2015.

Stright, A. D., Herr, M. Y., Neitzel, C., Maternal Scaffolding of Children's Problem Solving and Children's Adjustment in Kindergarten: Hmong Families in the United States [J]. *Journal of Educational Psychology*, 2009, 101 (1): 207-218.

Stright, A. D., Neitzel, C., Sears, K. G. et al., Instruction Begins in the Home: Relations Between Parental Instruction and Children's Self-Regulation in the Classroom [J]. *Journal of Educational Psychology*,

2001, 93 (3): 456-466.

Thomas, V., Backer, F. D., Peeters, J. et al., Parental Involvement and Adolescent School Achievement: The Mediational Role of Self-Regulated Learning [J]. *Learning Environments Research*, 2019, 22: 345-363.

Tiniakou, E., Hirschler, T., Endedijk, M. et al., Becoming Self-regulated: Patterns of Parenting in the Lives of Professionals Who Are Highly Self-regulated Learners [J]. *Journal of Self-regulation and Regulation*, 2018, 4: 7-42.

Waters, L. H., Exploring the Experiences of Learning Coaches in a Cyber Charter School: A Qualitative Case Study [D], University of Hawaii, 2012.

Watson, J., Gemin, B., Ryan, J. et al., Keeping Pace with K-12 Online Learning: An Annual Review of State-level Policy and Practice [EB/OL]. Evergreen Education Group. 2009 [2020-10-3]. http://www.kpk12.com.

Weiner, C., Key Ingredients to Online Learning: Adolescent Students Study in Cyberspace—the Nature of the Study [J]. *International Journal on E-learning*, 2003, 2 (3): 44-50.

Whitaker, M. C., The Hoover - Dempsey and Sandler Model of the Parent Involvement Process [M] // Sheldon, S. B., Turner - Vorbeck, T. A. The Wiley Handbook of Family, School, and Community Relationships in Education, 2009: 419-443.

Xu, M., Benson, S. N. K., Mudrey-Camino, R. et al., The Relationship Between Parental Involvement, Self - regulated Learning, and Reading Achievement of Fifth Graders: A Path Analysis Using the ECLS-K database [J]. *Social Psychology of Education*, 2010, 13 (2): 237-269.

Yap, S. T., Baharudin, R., The Relationship between Adolescents' Perceived Parental Involvement, Self - efficacy Beliefs, and Subjective

Well-being: A Multiple Mediator Model [J]. *Social Indicators Research*, 2016, 126: 257-278.

Zimmerman, B. J., A Social Cognitive View of Self-regulated Academic Learning. *Journal of Educational Psychology* [J], 1989, 81 (3): 329-339.

Zimmerman, B. J., Attaining Self-regulation: A Social Cognitive Perspective [M] // Boekaerts M, Pintrich P. R, Zeidner M. Handbook of Self-regulation. Academic Press, 2000: 13-39.

Zimmerman, B. J., Becoming a Self-regulated Learner: An Overview [J]. *Theory Into Practice*, 2002, 41 (2): 64-70.

Zimmerman, B. J., Investigating Self-regulation and Motivation: Historical Background, Methodological Developments, and Future Prospects [J]. *American Educational Research Journal*, 2008, 45 (1): 166-183.

鲍威:《大学生学业成就增值效应研究》,《江苏高教》2015年第1期。

陈丽:《在线教育原理》,北京师范大学出版,2021。

邓国民、韩锡斌、杨娟:《基于OERs的自我调节学习行为对学习成效的影响》,《电化教育研究》2016年第3期。

董奇、周勇、陈红兵:《陈红兵自我监控与智力》,浙江人民出版社,1996。

付卫东、谭杰文:《疫情以来中小学学生在线学习精准画像——基于全国62446位中小学生家长在线问卷调查的数据》,《教师教育论坛》2020年第9期。

郭文革、张梦哲、续芹等:《同时“在场”与在线“面对面”——对国外26篇在线同步视频教学研究的综述》,《中国远程教育》(综合版)2021年第2期。

郭向荣:《基于初中生父母卷入,学业自我效能感与学业成绩关系的家庭教育启示》，华中师范大学，硕士学位论文，2016。

韩海棠：《中产状况家长的教育焦虑：现状、问题与原因》，华中科技大学，硕士学位论文，2018。

何东涛：《高中生自我调控学习四项因素与学业成就及学业发展关系研究》，浙江大学，硕士学位论文，2003。

何思学：《初中生时间管理自我监控、自主学习的特点及其与学业成绩的关系研究》，广州大学，硕士学位论文，2017。

黄荣怀、汪燕、王欢欢等：《未来教育之教学新形态：弹性教学与主动学习》，《现代远程教育研究》2020 年第 3 期。

黄小瑞、安桂清：《家长参与类型与儿童学习结果的关系》，《学前教育研究》2018 年第 11 期。

教育部：《2021 年全国教育事业主要统计结果》，2022 年 3 月 1 日，www. moe. gov. cn。

靳小玲、王晓宇：《疫情期间中小学生家长参与子女线上学习的现状调查》，《唐山师范学院学报》2020 年第 5 期。

孔丽丽：《网络学习社区中自我调节学习行为影响机制研究》，江南大学，硕士学位论文，2018。

李波：《父母参与对子女发展的影响——基于学业成绩和非认知能力的视角》，《教育与经济》2018 年第 3 期。

李东林、项梦婕：《家长参与的行为类型和层次及其影响因素研究——以 S 市 X 小学为例》，《教育导刊》2020 年 4 期。

李佳丽、薛海平：《父母参与、课外补习和中学生学业成绩》，《教育发展研究》2019 年第 2 期。

李佳哲、胡咏梅：《家长学习参与和中小学生学业成绩的关系研究——基于亲子关系和学习自信心的有中介的调节模型分析》，《华东师范大学学报》（教育科学版）2021 年第 7 期。

李丽：《家长参与及其与学生学习动机、学业成绩的关系研究》，山东师范大学，硕士学位论文，2004。

李晓文：《学生自我发展之心理学研究》，教育科学出版社，2001。

李燕：《亲子关系的教育哲学分析》，苏州大学，博士学位论文，2005。

联合国教科文组织：《新冠病毒对教育的影响及应对》，2020 年 10 月 3 日，zh. unesco. org.

李艳：《国外关于“家长参与”研究的问题域分析》，《比较教育研究》2019 年第 4 期。

梁林梅：《加拿大 K-12 远程、在线与混合学习的经验及启示》，《数字教育》2019 年第 6 期。

梁宇颂：《大学生成就目标、归因方式与学业自我效能感的研究》，华中师范大学，硕士学位论文，2000。

林崇德：《智力活动中的非智力因素》，《华东师范大学学报》（教育科学版）1992 年第 4 期。

林小英：《分析归纳法和连续比较法：质性研究的路径探析》，《北京大学教育评论》2015 年第 1 期。

刘保中、张月云、李建新：《家庭社会经济地位与青少年教育期望：父母参与的中介作用》，《北京大学教育评论》2015 年第 3 期。

刘俊利：《社会分层与教育资本视域下国内中产状况教育焦虑问题研究》，河北师范大学，硕士学位论文，2019。

罗良、吴艺方、韦唯：《高质量父母教育卷入的特征》，《北京师范大学学报》（社会科学版）2014 年第 1 期。

庞维国：《自主学习：学与教的原理和策略》，华东师范大学出版社，2003。

庞维国：《论学生的自主学习》，《华东师范大学学报》（教育科学版）2001 年第 2 期。

史东芳、李锋、杨松柠：《美国学校家长参与过程模型及其启示》，《教学与管理》2020 年第 15 期。

孙雨萌：《青少年家庭社会经济地位和学习投入：父母教育卷入和自我教育期望的中介作用》，山东师范大学，硕士学位论文，2019。

万力勇、大卫·斯坦、谢魁：《探究社区理论框架研究二十年：回顾与展望》，《开放教育研究》2020 年第 6 期。

王晶莹、杨伊：《中小学生在线学习行为的混合研究：缘起、图景与机制》，《现代远距离教》2020 年第 6 期。

吴峰、王曦：《大学生情绪智力对学业成就的影响——基于结构方程模型实证研究》，《教育学术月刊》2017 年第 1 期。

吴明隆：《结构方程模型——AMOS 的操作与应用（第 2 版）》，重庆大学出版社，2010a。

吴明隆：《问卷统计分析实务：SPSS 操作与应用》，重庆大学出版社，2010b。

吴重涵、张俊、王梅雾：《是什么阻碍了家长对子女教育的参与——状况差异、学校选择性抑制与家长参与》，《教育研究》2017 年第 1 期。

徐敏：《父母参与对初中生学业表现的影响研究》，河北大学，硕士学位论文，2020。

姚岩：《家长教育参与的状况差异》，《中国教育学刊》2019 年第 4 期。

叶月婵：《家长参与对小学生学业成就的影响研究》，西北师范大学，硕士学位论文，2010。

于冰洁、余锦汉：《家庭文化资本、家长参与对学生学业成就的影响效应及作用路径分析》，《教育学术月刊》2020 年第 1 期。

张成龙、李丽娇：《提升学生网络自我调节学习成效的实证研究》，《现代远距离教育》2018 年第 2 期。

张俊、吴重涵、王梅雾等：《面向实践的家校合作指导理论——交叠影响域理论综述》，《教育学术月刊》2019 年第 5 期。

张眉：《100 位妈妈谈在线教育》，群言出版社，2022。

张晓赫：《坚毅、在线自我调节学习和在线学习满意度的关系研究》，东北师范大学，硕士学位论文，2019。

赵国栋：《网络调查研究方法概论（第二版）》，北京大学出版社，2013。

赵幸莲：《初中生基本心理需要、成就目标定向与自我调节学习的关系》，湖南师范大学，硕士学位论文，2019。

中科院：《中国 K12 在线教育市场调研及用户消费行为报告》，www.sohu.com。

钟志贤、杨蕾：《论在线学习》，《现代远距离教育》2002 年第 1 期。

周菲、程天君：《中学生教育期望的性别差异——父母教育卷入的影响效应分析》，《教育研究与实验》2016 年第 6 期。

周蕾、赵中建：《美国 K-12 阶段在线教育质量全国标准评析》，《开放教育研究》2020 年第 2 期。

周丽萍、岳昌君：《从入口到出口：家庭背景对高等教育公平的影响——来自 2017 年全国高校毕业生就业调查的证据》，《江苏高教》2019 年第 8 期。

周奕欣等：《江苏省家长教育卷入调查研究》，《江苏教育研究》2014 年第 4 期。

〔美〕丹尼尔·贝尔：《后工业社会的来临：对社会预测的一项探索》，高铦、王宏周、魏章玲等译，商务印书馆，1984。

〔美〕弗朗西斯·詹森、艾米·艾丽丝·纳特：《青春期的烦"脑"——写给家长的青少年生存成长指南》，王佳艺译，北京联合出版公司，2017。

〔美〕劳伦斯·斯坦伯格：《青少年心理学（原书第 10 版）》，梁君英、董策、王宇译，机械工业出版社，2015。

〔美〕约翰·W. 克雷斯威尔、薇姬·L. 查克：《混合方法研究：设计与实施（原书第2版）》，游宇、陈福平译，重庆大学出版社，2017。

〔英〕安尼特·拉鲁：《家庭优势：社会状况与家长参与》，吴重涵、熊苏春、张俊译，江西教育出版社，2014。

后　记

燕园五载，一晃而过。从职场到校园，若没有师友亲人的鼎力相助，我绝无可能将博士学位论文完成，并最终出版。

特别感谢我的导师杨钋老师！写作博士学位论文期间，选题未定时的焦虑、样本不足时的抓狂、数据分析时的彷徨，各种问题全靠杨老师指点迷津，才得以逐一克服。“写得不错”“总结得很好”“这一版写得很好！我为你自豪!”，杨老师的花式鼓励成为我完成论文最大的动力。从论文到成书，更是离不开杨老师的启发与支持。无以为报，唯有在学业上不断精进！

感谢北京大学教育学院的各位老师！尚俊杰老师在我读博期间多次给予我参加人工智能教育相关会议的机会，并鼓励我发表英文论文，这极大增强了我的学术自信。此次书籍出版，尚老师也在百忙之中为本书作序，非常感谢尚老师的大力支持！还要感谢北京大学教育财政所的王蓉老师和张眉老师。受邀参与“100位妈妈谈在线教育”的征文，令我开始认真思考在线学习中父母参与的有效性问题。正是这些反思，成为本书的起点。从飘在天上的“人工智能教育”前沿，到每天斗智斗勇的“父母参与”，我完成了从仰望星空到脚踏实地的蜕变，也明白了学术研究的意义在于发现并解决“真”问题。

感谢为我写序的缪建东老师！作为家庭教育领域的专家，缪老师对本书的肯定，是支撑我未来持续研究的巨大力量。

感谢我优秀的同门们！大家在繁忙工作的同时，也不乏对学术的严谨追求。每一次内部讨论会，都让我感叹自己的才疏学浅，然后倍加努力。同时，也感谢北京大学 2017 级非全日制博士班的同学们！一起上课的校园时光令人留恋，是优秀的你们让我的求学之旅变得绚烂。

感谢家人的鼎力支持，特别是我的女儿朵朵。她是我灵感和动力的重要源泉。庆幸自己的选题与她如此接近，让我们时常能够讨论什么是好的父母参与。她也常常乐此不疲地接受我各种正式和非正式的访谈，帮我修改文字错误。母女之间的关系也变得更加紧密和融洽。欣慰的是，朵朵的自律性不断提高，成为我后期毫无后顾之忧、安心写作的重要保障。更令人欣喜的是，她热爱文字创作，已经完成几万字科幻小说，常常令我感叹孩子迸发出的巨大能量。作为父母，更应该增长智慧，努力成为孩子成长最好的陪跑者。

本书的完成离不开社会科学文献出版社郭峰老师的时刻鞭策。每一次的编校意见都让我重新思考，如何让一篇学术论文被更广泛地传播。

最后，谢谢未曾谋面的各位读者朋友们，真心期待各位的反馈，希望能和大家一起，积极拥抱数字化学习时代。

2022 年 11 月

图书在版编目(CIP)数据

父母参与的力量：中学生在线学习启示录／屈静著
.--北京：社会科学文献出版社，2022.11
（创新教育文库）
ISBN 978-7-5228-0709-6

Ⅰ.①父… Ⅱ.①屈… Ⅲ.①中学生-网络教学-教学研究 Ⅳ.①G434②G632.0

中国版本图书馆 CIP 数据核字（2022）第 170698 号

创新教育文库
父母参与的力量：中学生在线学习启示录

著　　者／屈　静

出 版 人／王利民
组稿编辑／任文武
责任编辑／郭　峰
文稿编辑／吴尚昀
文稿印制／王京美

出　　版／社会科学文献出版社·城市和绿色发展分社（010）59367143
地址：北京市北三环中路甲 29 号院华龙大厦　邮编：100029
网址：www.ssap.com.cn
发　　行／社会科学文献出版社（010）59367028
印　　装／三河市龙林印务有限公司

规　　格／开　本：787mm×1092mm　1/16
印　张：14.75　字　数：195 千字
版　　次／2022 年 11 月第 1 版　2022 年 11 月第 1 次印刷
书　　号／ISBN 978-7-5228-0709-6
定　　价／65.00 元

读者服务电话：4008918866